Christine
Gitte Här

Weg mit dem Stress

- **Entspannt und effektiv im Job**
- **Die besten Tipps für jeden Tag**

Die Autorinnen

Christine Öttl und Gitte Härter waren fast ein Jahrzehnt im Management eines internationalen Medienkonzerns tätig, bevor sie sich Anfang 1999 mit dem Beratungs- und Trainingsunternehmen „objektiv." in München erfolgreich selbstständig machten. Ihre Beratungsschwerpunkte sind Selbstmanagement und -marketing sowie Karriere, Bewerbung und Führung. Bei GU sind von ihnen bereits die Ratgeber *Schriftliche Bewerbung*, *Bewerbung*, *Vorstellungsgespräche*, *Schlagfertig* und *Selbst-Marketing* erschienen.

→ Check-in

Sie möchten auf Ihre Fragen kurze, prägnante und vor allem verlässliche Antworten erhalten. Dieser GU Kompass bietet Ihnen schnelle Hilfe in allen Situationen, die kein langes Zaudern und Zögern gestatten. Ob unterwegs in der Jackentasche oder immer griffbereit am Arbeitsplatz: Jeder Titel dieser Reihe informiert Sie übersichtlich, aktuell, kompetent und lösungsorientiert.

- Jeder Sachverhalt wird auf einer Doppelseite geklärt. Suchen Sie Ihre Fragestellung, Ihr Stichwort, Ihr Problem im Inhaltsverzeichnis und steigen Sie einfach ein.
- Falls Sie unter großem Zeitdruck stehen und nur das Allernotwendigste nachschlagen möchten, halten Sie sich an das im Inhaltsverzeichnis optisch hervorgehobene „Last-Minute-Programm". Es zeigt Ihnen, worauf Sie keinesfalls verzichten sollten.
- Nutzen Sie den Service-Teil mit seinen ergänzenden Dokumenten sowie weiterführenden Hinweisen zu Büchern und Adressen, um bestimmte Aspekte zu vertiefen.

Wer kennt es nicht: Zeitdruck, Termine und Überlastung prägen unsere heutige hektische Arbeitswelt. Wenn dann noch Ärger mit Kollegen oder ein unausgeglichenes Privatleben dazukommt, kann die Welt schon einmal aus den Fugen geraten. Dieser Kompass hilft Ihnen, die Ursachen für Stress in Ihrem Leben aufzuspüren und wirksam zu bekämpfen. Eine Fülle an praxiserprobten Tipps und Übungen unterstützt Sie dabei, Körper und Geist wieder in Einklang zu bringen und für die Herausforderungen im Job fit zu machen.

Inhalt

→ Last-Minute-Programm

Die farblich und durch Pfeile → gekennzeichneten Abschnitte bilden das Last-Minute-Programm. Halten Sie sich daran, wenn Sie sich auf das Notwendigste beschränken müssen.

Basics gegen Stress

Aktiv durch den Tag

Neue Kraft: Entspannen & Vitalisieren

Alles in Ordnung?

Harmonie im Job: Kein Stress mit Kollegen

→ Service

1. Was ist Stress?

Stress wird oft mit viel Arbeit und Zeitdruck gleichgesetzt. Aber das ist nur ein Aspekt: Stress ist ein komplexes Phänomen und hat viele Gesichter.

Auslöser und Wirkungen

Unangenehme, einschränkende, schwierige und bedrohliche Situationen aktivieren das Sympathische Nervensystem und lösen die so genannten Stressreaktionen aus:

1. auf körperlicher Ebene: Anspannung der Muskeln, unregelmäßige, schnelle und flache Atmung, Ausschüttung von Stresshormonen, Ansteigen von Puls und Blutdruck;
2. auf psychischer Ebene: Druck, Ängstlichkeit, Überforderung, Hilflosigkeit oder Aggressivität;
3. im Verhalten: etwa hektisch oder wie gelähmt.

Diese Alarmprozesse können durch verschiedenste Faktoren aktiviert werden, die von außen oder von innen kommen, wie etwa Lärm, viele Informationen, Zeitdruck, Erwartungen oder negative Selbsteinschätzung.
Ob eine komplette Stressreaktion tatsächlich ausgelöst wird und wie stark sie ist, hängt wesentlich von Ihren Gedanken und Bewertungen ab. Die negative Spirale kommt dann in Gang, wenn in Ihnen ein innerer Widerstand gegen die Situation besteht, weil Sie sie zum Beispiel als unangenehm, schwierig oder unfair beurteilen. Oder wenn Ihr Selbstwertgefühl gering ist, Sie an sich selbst zweifeln und sich nicht zutrauen, die Sache irgendwie in den Griff zu bekommen.
Übrigens: Heute spricht man nicht mehr von „gutem" und „schlechtem" Stress („Eustress" und „Distress"), sondern verwendet den Begriff nur im negativen, belastenden Sinne. Positive und willkommene Aufregungen werden als Herausforderungen bezeichnet.

Gut zu wissen

Auch im positiven Sinne aufregende Dinge (etwa ein spannender Film, Nervenkitzel bei einer schnellen Autofahrt oder der Kick bei großen Leistungen) aktivieren das Sympathische Nervensystem und lösen körperliche Stressreaktionen aus. Weil die Sache aber Spaß macht, bleiben die unangenehmen Folgen auf emotionaler Ebene aus: Meist merken Sie gar nicht, dass der Körper in Stress geraten ist – und Ausgleich und Entspannung braucht.

Nicht zu unterschätzen: chronischer „Mini-Stress"

Auch die ganz normale tägliche Anstrengung aktiviert das Sympathische Nervensystem und hinterlässt Spuren in Körper und Psyche. Selbst leichte gefühlsmäßige Erregungen, ja sogar nur die Vorstellung von etwas Unangenehmem, erhöhen die Muskelanspannung! Wenn Sie sich kaum oder nie entspannen, bewegen und erholen, erhöht sich Ihr Stresspegel kontinuierlich und schon kleinste Belastungen können eine extreme Reaktion auslösen. Deshalb ist regelmäßige Entspannung so wichtig, um in Harmonie mit sich selbst und seiner Umwelt leben zu können.

Tipp

Stress ist keine unkontrollierbare Naturgewalt! Mit verschiedenen Anti-Stress-Strategien, die Sie in diesem Buch kennen lernen, können Sie einerseits Ihre Stressauslöser reduzieren und Ihre Stresstoleranz steigern und andererseits stressige Situationen souverän und mit kühlem Kopf meistern.

2. Selbsttest: Was stresst mich?

Was jemand als stressig empfindet, ist sehr unterschiedlich und hängt von seiner Persönlichkeit ab. Mit dieser Selbsteinschätzung finden Sie Ihre individuellen Stressauslöser heraus!

Die folgenden typischen Stressauslöser sind nach Kategorien geordnet. Nehmen Sie sich etwas Zeit und denken Sie über die einzelnen Aspekte genau nach. Schätzen Sie sich dann ein. Sofern eine Antwortmöglichkeit nicht ganz zutrifft, sollten Sie sich mit dem Aspekt konkreter auseinander setzen: Inwiefern trifft er zu, inwiefern nicht? Wie sieht dieser Stressfaktor für Sie persönlich aus?

1. Persönlichkeit und Selbstbild

	ja	weiß nicht	nein
ich bin unzufrieden mit mir			
ich bin nicht besonders ausgeglichen			
ich zögere und hadere viel			
andere sind „besser" als ich			
Veränderung/Neues ist schwierig für mich			
man kann mich leicht verunsichern			
ich werde schnell hektisch			
Stress merke ich körperlich (Bauchweh etc.)			
ich brauche viel Bestätigung von anderen			
ich bin schnell genervt			

2. Eigener Anspruch

	ja	weiß nicht	nein
ich will alles perfekt machen			
ich fühle mich für alles verantwortlich			
ich darf/kann nicht Nein sagen			
ich muss immer erst für andere da sein			
ich muss die Dinge alleine schaffen			
ich muss souverän sein/werden			

stresst mich sehr		neutral ← →	stresst mich gar nicht	
−2	−1	0	1	2

3. Arbeitsmenge und Verpflichtungen

wenn ich viel zu tun habe					
wenn alles gleichzeitig geschehen soll					
wenn ich zu wenig zu tun habe					
alles unter einen Hut bringen: Beruf + Familie (+ Zeit für mich)					
soziale Verpflichtungen					

4. Zeit

wenn ich zu wenig Zeit habe					
wenn alles schnell-schnell gehen soll					
wenn sich etwas zieht wie Kaugummi					
Freizeit: zu wenig Zeit für mich					
Freizeitstress: zu viele feste Termine/Pläne					

5. Überblick und Kontrolle

wenn ich eine Aufgabe nicht einschätzen kann					
wenn ich etwas nicht weiß					
wenn andere am Hebel sitzen					
wenn zu viele Leute beteiligt sind					
wenn ich keine Ordnung und Struktur habe					
wenn ich etwas delegiert habe					

6. Umwelt und Mitmenschen

wenn ich meine eigene Meinung sagen soll					
wenn ich vor anderen reden (Meeting, Vortrag etc.) muss					
Lärm oder akustisches Durcheinander					
wenn um mich herum Hektik herrscht					
wenn ich mit Autoritäten konfrontiert werde					
andere Leute mit bestimmten Eigenarten (z. B. Besserwisser, Ja-Sager)					
wenn mich andere mit ihren Problemen konfrontieren					
Privatgespräche und Unternehmungen mit Kollegen/Geschäftspartnern					

3. Selbsttest: Einschätzung

Ihre Stressauslöser haben Sie nun eingegrenzt. Nachfolgend finden Sie weitere Hinweise zu den einzelnen Facetten.

1. Persönlichkeit und Selbstbild

Wer auf sich selbst vertraut, der steckt Stress schneller weg. Haben Sie hier oft mit „Ja" geantwortet? Dann haben Sie große Selbstzweifel und stehen sich selbst sehr kritisch gegenüber. Ihre Baustelle ist der Aufbau Ihres Selbstbewusstseins. Stabile Grundlagen (wie Ernährung, Schlaf und Bewegung) helfen Ihnen, Ihr Nervenkostüm zu stärken und sich wohl in Ihrer Haut zu fühlen.
Anregungen hierfür finden Sie besonders in den Kapiteln → 4, 7, 8, 9 und 13.

2. Eigener Anspruch

Haben Sie in diesem Segment häufig „Ja" angekreuzt? Dann üben Sie zu großen Druck auf sich selbst aus und stellen sehr hohe Ansprüche an sich. Alles besonders gut machen zu wollen und die Umwelt damit zu beeindrucken, was Sie noch alles schultern können, das kann nicht lange gut gehen. Einen hohen Anspruch an sich selbst zu haben ist in Ordnung. Doch Sie überfordern sich!
Lesen Sie speziell die Kapitel → 8, 12, 31, 32, 35 und 38.

3. Arbeitsmenge und Verpflichtungen

Machen Sie eine Liste, welche Verpflichtungen und Aufgaben anstehen: Was ist einmalig, was ist laufend? Was müssen Sie nicht selbst erledigen, was ist nicht wirklich wichtig? Binden Sie andere mit ein und lernen Sie vor allen Dingen, Nein zu sagen. Das Gegenteil gilt natürlich, wenn Sie sich langwei-

len: Was würden Sie gerne tun – beruflich und privat? Und was werden Sie dafür unternehmen?
Sehen Sie sich dazu die Kapitel → 30, 31, 32, 33, 34 und 38 genauer an.

4. Zeit

Wenn zu wenig Zeit ist, nützt nur ein genauer Blick: Was brauche ich, um diese Sache gut und schnell zu erledigen? Mit „mehr Zeit" ist es selten getan. Vielmehr geht es um klare Prioritäten, einen guten Überblick und die disziplinierte Umsetzung. Lernen Sie, die Dauer einer Tätigkeit richtig einzuschätzen und etwaige Überlastungen oder unrealistische Termine klar zu kommunizieren.
Lesen Sie mehr in den Kapiteln → 5, 10, 31, 32, 34 und 36.

5. Überblick und Kontrolle

Ein großer Stressfaktor ist die Unsicherheit, womit Sie es zu tun haben. Darum stressen anonyme Stapel mehr als Stapel, deren Inhalt man kennt. Der beste Stresskiller ist, den Überblick zu behalten: Den Arbeitsplatz immer im Griff zu haben, aber auch mit anderen Beteiligten intensiv im Gespräch zu bleiben. So sind Sie stets auf dem Laufenden und können sich darauf verlassen, rechtzeitig informiert zu werden.
Anregungen hierzu finden Sie in den Kapiteln → 30, 31, 35, 37 und 39.

6. Umwelt und Mitmenschen

Der Chef fordert, der Kunde nervt, die Kollegin telefoniert ständig privat ... anstatt Beziehungen aktiv gut zu gestalten, gehen leider viele auf Tauchstation, wenn ein Konflikt naht. Irgendwann kommen die vor sich hin gärenden Ärgernisse zum Ausbruch und man prallt aufeinander. Haben Sie hier Ihre Haupt-Stressfaktoren angekreuzt, sollten Sie Ihr Selbstbewusstsein und Ihre Kommunikationsfähigkeiten aufpolieren. Die Kapitel → 4, 7, 11, 20, 22, 35, 37, 39, 40, 41 und 42 helfen Ihnen dabei.

4. Ein gesundes Leben

Je wohler Sie sich in Ihrer Haut fühlen, umso immuner sind Sie gegen Belastungen und Stress. Die Lebensweise spielt dabei eine entscheidende Rolle.

Essen und trinken

Ein wichtiger Faktor für Gesundheit, Vitalität und Wohlbefinden ist die Ernährung. Um gut für sich zu sorgen und den Energielevel hochzuhalten ist es wichtig, regelmäßig und ausgewogen zu essen, damit Sie mit allen Nährstoffen versorgt sind und immer genügend „Brennstoff" haben. Essen Sie außerdem langsam und bewusst, um den Verdauungsprozess zu erleichtern. Und trinken Sie regelmäßig Wasser, dann bleiben Sie fit und vital, denn Wasser ist für viele Körperprozesse und für die Gehirntätigkeit unabdingbar.

Tipp

Unter Stress verbraucht der Körper laut ernährungsphysiologischen Studien bis zu achtmal mehr Magnesium als sonst. Meiden Sie deshalb ganz besonders in Hoch-Zeiten Magnesiumräuber wie Kaffee, Tee und Fast Food. Trinken Sie magnesiumhaltiges Mineralwasser und achten Sie auf magnesiumreiche Kost (zum Beispiel Vollkorn- und Milchprodukte).

Übrigens: Wenn der Energielevel sinkt, probieren Sie mal etwas anderes als Kaffee oder Schokolade, nämlich ein paar Nüsse und Rosinen („Studentenfutter"). Kauen Sie bewusst, langsam und intensiv. Nüsse enthalten viel Magnesium, Calcium und ungesättigte Fettsäuren, die langfristig Energie liefern. Die Rosinen bringen Energie und hellen die Stimmung auf.

Schlafen und sich erholen

Der Körper braucht regelmäßige Ruhephasen, um Erlebnisse zu verarbeiten und sich zu regenerieren. Vor allem in besonders stressigen Zeiten tendieren viele dazu, sehr lange zu arbeiten und dann, vielleicht auch noch nach einer schnellen Mahlzeit, erschöpft ins Bett zu fallen. Bessere Voraussetzungen, um einen erholsamen Schlaf zu finden, schaffen Sie allerdings, wenn Sie nicht bis zum Schluss durchpowern, sondern

- den Körper auf die Ruhephase einstimmen, indem Sie jeden Abend wie bei einem Ritual dasselbe machen (etwa Abendhygiene, ruhige Musik hören usw.);
- aufputschende und anstrengende Tätigkeiten (zum Beispiel Lernen oder Arbeiten im Bett) vermeiden;
- sich eine angenehme und entspannende Lektüre gönnen, um auf andere Gedanken zu kommen;
- eine Entspannungstechnik lernen, um gut einschlafen zu können (etwa Atemübungen oder Autogenes Training).

Oder versuchen Sie es mit dieser „Schlafhygiene"-Übung: Gehen Sie im Geiste die unangenehmen Erlebnisse des Tages durch – und haken Sie sie bewusst ab. Führen Sie sich dann all die angenehmen und positiven Dinge vor Augen – und freuen Sie sich darüber.

Gut zu wissen

Die Qualität des Schlafes ist laut Studien der beste Indikator dafür, wie gut man mit Stress und Belastungen umgehen kann – und ob man eine gesunde Balance zwischen Spannung und Anspannung lebt. Wenn Sie das Chaos des Tages mit in den Schlaf nehmen und Ihr Organismus nicht abschalten kann, müssen Sie dringend Ihre gesamte Lebensweise unter die Lupe nehmen.

5. Startklar für den Tag

Wie Sie am Morgen starten, hat Auswirkungen auf den ganzen Tag. Deswegen lohnt es sich, schon ab dem Wach-Werden gut für sich zu sorgen.

Wecken Sie Ihre Lebensgeister

Ob Sie morgens gut aus dem Bett kommen, hängt in erster Linie von Ihren Aufstehgewohnheiten ab. Auch wenn die Verlockung groß ist, eine Zeit lang weiterzudösen: Viel besser ist es, gleich aktiv zu werden und den Körper munter zu machen. Sie müssen sich keinesfalls aus dem Bett quälen und dann zu Jogging oder Morgengymnastik am offenen Fenster zwingen. Es gibt eine Reihe von aktivierenden Übungen, die Sie wunderbar im Bett liegend machen können – auch mit geschlossenen Augen. Versuchen Sie es:

- Strecken Sie Arme und Beine und machen Sie sich ganz lang. Kreisen Sie dann langsam und genüsslich Ihre Hand- und Fußgelenke.
- Ziehen Sie die Knie zur Brust und umarmen Sie sie. Machen Sie mit Ihren Knien ganz leichte Kreise in beide Richtungen, um den Rücken zu mobilisieren.
- Strecken Sie Beine und Arme Richtung Decke: Schütteln Sie Hände und Arme, Füße und Beine kräftig nach oben aus. Das bringt den Kreislauf auf Touren.
- Streichen Sie mit einem Massagehandschuh oder einem rauen Handtuch über die Fußsohlen, das wirkt angenehm und aufmunternd.

Oft kreisen schon die morgendlichen Gedanken um alles Mögliche und machen einem das Leben schwer. Bewegung und damit einhergehend Konzentration auf den Körper ist ein

wunderbares Mittel, um sich abzulenken, zu zentrieren und die Gedanken zu bändigen.
Stichwort Frühstück: Ausreichende Energieversorgung ist eine wichtige Voraussetzung, um gut in den Tag zu starten und die Herausforderungen mit Elan und guter Laune zu bewältigen. Gönnen Sie sich deshalb etwas zum Frühstück, auf jeden Fall ein warmes Getränk.

Nutzen Sie den Weg zur Arbeit

Der Weg zur Arbeit bietet eine Reihe von Möglichkeiten, um sich positiv auf den Tag einzustimmen. Sie können sich zum Beispiel durch Bewegung munter machen: Fahren Sie mit dem Fahrrad zur Arbeit oder gehen Sie zu Fuß – zumindest einen Teil der Strecke. Bewegen Sie sich bewusst und genießen Sie die Bewegung. Atmen Sie tief durch und erleben Sie, wie die frische Luft Ihre Lebensgeister weckt.
Oder nutzen Sie die Fahrt für sich: Gönnen Sie sich doch Ihre Lieblingsmusik oder ein animierendes Hörbuch, wenn Sie im Auto unterwegs sind. In Bus oder Bahn können Sie lesen, sich mental auf den Arbeitstag einstimmen oder sich mit jemandem unterhalten.
Übrigens: Selbst wenn nicht alles glatt läuft und Sie in der U-Bahn oder im Stau festsitzen, müssen Sie sich nicht stressen lassen. Auch diese Zwangspausen können Sie für sich nutzen, indem Sie beispielsweise Atemübungen machen oder aufrechtes Stehen beziehungsweise Sitzen üben.

Denken Sie daran

Nur ein paar Minuten früher aus dem Haus zu gehen oder einen früheren Bus zu nehmen kann eine sinnvolle Investition sein. Sie fühlen sich dann viel ruhiger, können den Weg genießen und ausgeglichener in den Tag starten. Und eventuelle Hindernisse unterwegs sind keine Stressquelle mehr.

6. Schöner arbeiten

In einer schönen und angenehmen Atmosphäre fällt alles leichter. Gestalten Sie Ihr Arbeitsumfeld so, dass Sie sich möglichst wohl fühlen.

Rund um den Arbeitsplatz

Ihre unmittelbare Umgebung – und wie sie Ihnen gefällt – hat Auswirkungen auf Ihre Stimmung und Ihr Wohlbefinden. Auch wenn Sie kein eigenes Zimmer haben, gibt es verschiedene Möglichkeiten, Ihr Umfeld Ihrem Geschmack entsprechend herzurichten.

- Bringen Sie eine private Note hinein: Ein schönes Bild, Fotos Ihrer Lieben, ein Glücksbringer oder Ihre Lieblingstasse können Privatsphäre an Ihrem Arbeitsplatz schaffen.
- Setzen Sie farbliche Akzente: Bringen Sie Farbtupfer in Ihr Umfeld, beispielsweise mit Mappen, Ablagekörbchen oder Ordnern in Ihrer Lieblingsfarbe.
- Stellen Sie schöne Accessoires auf: Umgeben Sie sich mit ein paar schönen Dingen, die Ihnen gut gefallen und die Sie zwischendurch gerne betrachten (etwa ein besonderer Kugelschreiber, Behälter für Stifte, Kalender oder eine außergewöhnliche Tischlampe).

Tipp

Räumen Sie Ihren Arbeitsplatz regelmäßig auf. Das sieht nicht nur gut aus, sondern hat auch andere große Vorteile: Ein gut strukturierter Arbeitsplatz erleichtert die Arbeit, und Ordnung und Klarheit tun auch der Psyche gut. Sich am Morgen an einen schön aufgeräumten Schreibtisch zu setzen ist einfach angenehm und beruhigend.

Verbessern Sie Ihr Umfeld

Auch außerhalb Ihres eigenen Arbeitsplatzes gibt es Dinge, die sich vielleicht im Interesse aller verbessern lassen. Sprechen Sie doch mit Chef und Kollegen und bringen Sie Vorschläge ein. Die folgenden Faktoren sind für die Atmosphäre sehr wichtig.

- Ausreichend Luftfeuchtigkeit: Trockene Luft ist belastend für Schleimhäute und Augen. Abhilfe schaffen Luftbefeuchter oder Zimmerpflanzen, die das Raumklima nachweislich verbessern. Und sie bringen ein Stück Natur in die Räume, was vielen Menschen gut tut.
- Genügend frische Luft: Sauerstoffmangel beeinträchtigt viele körperliche Funktionen – vor allem auch die Gehirntätigkeit. Regelmäßiges (auch kurzes) Lüften belebt und bringt frischen Wind in die Köpfe.
- Niedriger Geräuschpegel: Lärm kann ganz schön beeinträchtigen und stressen. Deshalb lohnt es sich, Lärmquellen zu reduzieren (zum Beispiel laute Geräte auslagern oder Trennwände einziehen).

Werden Sie einfach von sich aus aktiv und verändern Sie etwas zum Besseren. Das könnte beispielsweise sein: leere Kartons entsorgen, die einfach nur rumstehen, oder in der Küche aufräumen. Wenn Sie es mit Elan und Freude machen, wirkt das sehr inspirierend.

Denken Sie daran

Ihr Arbeitsplatz kann noch so schön und angenehm sein: Wenn Sie Ihre Umgebung nicht (mehr) bemerken, spielt es keine Rolle. Achten Sie hin und wieder bewusst auf all das, was Ihnen gut gefällt – und freuen Sie sich darüber. Positive Stimmung ist ein sehr wirksamer Schutz gegen Stress!

7. Umgang mit sich und anderen

Wie oft Sie in Stress-Situationen kommen und wie Sie sie bewältigen, hängt sehr davon ab, wie gut Sie mit sich selbst und anderen umgehen können.

Wie gut kommen Sie mit sich selbst zurecht?

Menschen reagieren sehr unterschiedlich, wenn sie in Bedrängnis geraten. Wie leicht und schnell jemand den Boden unter den Füßen verliert, ist vor allem abhängig davon, wie er sich selbst im Griff hat.
Wesentliche persönliche Kompetenzen sind

- sich selbst gut zu kennen: Es ist sehr wichtig, dass Sie die eigenen Bedürfnisse und Grenzen kennen – und wissen, für welche Stressoren Sie anfällig sind. Dann können Sie etwas unternehmen, um sich zu wappnen.
- Ruhe zu bewahren: Die Fähigkeit, innerlich Distanz zu wahren und souverän zu bleiben – anstatt sich von Gefühlen überwältigen zu lassen –, ist Gold wert. Und sie lässt sich trainieren und ausbauen.
- Handlungsspielräume zu erkennen und auszuschöpfen: Opferhaltung und Passivität verstärken den Stress noch! Viel besser ist es, wenn Sie die Situation analysieren und herausfinden, was Sie konkret tun können.

Von großer Bedeutung ist auch, wie Sie mit sich selbst reden und umgehen. Achten Sie auf Ihre inneren Monologe, wenn Sie in die Bredouille kommen. Anstatt sich von negativen Gefühlen überwältigen zu lassen: Beruhigen Sie sich selbst, reden Sie sich gut zu und versuchen Sie, innerlich einen Schritt zurückzutreten und die Kontrolle zu behalten.

Wie ist es um Ihre soziale Kompetenz bestellt?

Wer mit anderen gut umgehen kann, fühlt sich aus vielerlei Gründen deutlich weniger gestresst: Die Atmosphäre am Arbeitsplatz ist angenehmer und Sie erhalten deutlich mehr Unterstützung, wenn Sie in ein positives soziales Netz eingebunden sind. Auch Schwierigkeiten lassen sich offener besprechen und die Eigenheiten, Macken oder schlechten Stimmungen anderer leichter ertragen beziehungsweise konstruktiver bewältigen.
Eine wichtige Grundlage für gute Beziehungen zu Ihren Mitmenschen ist zum einen, dass Sie die Perspektive wechseln können. Das heißt, dass Sie sich gut in andere hineinversetzen können. Und dass Sie neugierig, offen und tolerant für andere Sichtweisen sind – auch wenn Sie diese persönlich nicht teilen.
Zum anderen sollten Sie aber auch offen, ehrlich und respektvoll kommunizieren können. Das bedeutet, Sie äußern Ihre Meinung, damit die anderen wissen, woran sie mit Ihnen sind. Wünsche, Bedürfnisse, Bedenken und Grenzen teilen Sie offen und mit Fingerspitzengefühl mit. Und auch Missverständnisse zu klären, sich zu entschuldigen und bei Konflikten das Gespräch zu suchen, anstatt sich zurückzuziehen, gehört natürlich dazu.

Tipp

Wenn jemand ein für Sie problematisches Verhalten zeigt: Machen Sie sich klar, dass die andere Person wahrscheinlich ziemlich unter Stress steht und damit nicht zurechtkommt. Das hilft Ihnen, die Sache nicht so persönlich zu nehmen und gelassener zu bleiben – und die Situation zu entspannen, anstatt sie weiter anzuheizen.

8. Problemlösung leicht gemacht

Die Zeitnot sitzt im Genick, ein klarer Gedanke lässt sich kaum fassen. Lassen Sie sich nun nicht durch Fehler und Probleme aus der Bahn werfen.

Nur keine Hektik

Sie arbeiten an einer eiligen Präsentation für das anstehende Meeting: Der Drucker läuft heiß, Sie sortieren die Unterlagen. Da kommt Ihr Chef und möchte noch dringend eine Aufstellung überarbeitet haben. Die wichtigste Regel, wenn es eilt: innehalten und durchatmen.

Müssen Sie viel auf einmal erledigen? Dann sollten Sie sich unbedingt erst einen Überblick verschaffen und Prioritäten setzen. Fangen Sie nicht planlos irgendwo an. Falls etwas als „eilig" deklariert ist, fragen Sie nach, was der andere darunter versteht. Trauen Sie sich auch, andere rechtzeitig um Unterstützung zu bitten. Und informieren Sie Ihre Kollegen von sich aus, wenn es etwas länger dauert oder Sie eine Aufgabe zugunsten einer anderen verschieben müssen.

Das Wichtigste: Lassen Sie sich nicht bedrängen! Wer Sie ständig antreibt, der wird freundlich, aber bestimmt darauf hingewiesen, dass es auf diese Weise noch länger dauert. Holen Sie sich den Freiraum, den Sie brauchen. Und wenn es nur fünf Minuten sind, in denen Sie die Lage überdenken können.

Problem und Lösung

Hektik kommt dann auf, wenn Sie sich verzetteln. Ein klarer Kopf und Struktur sind die halbe Miete. Notieren Sie sich:

- Was ist überhaupt das Problem?
- Was GENAU ist das Problem (welche weiteren Aspekte spielen eine Rolle)?

- Wer ist noch betroffen und in welcher Form?
- Wie könnte ich das Problem lösen (offen und kreativ denken, auch vermeintlich unpraktikable Ideen zulassen)?
- Welche Auswirkungen hat diese Vorgehensweise?
- Welche Art von Informationen und Unterstützung brauche ich? Woher bekomme ich sie?
- Was sind mögliche Hindernisse?

Dadurch verhindern Sie, dass Sie sich in Gedankenschlaufen um ein Problem drehen, und krempeln stattdessen aktiv die Ärmel hoch! Das fühlt sich auch gleich viel besser an.

Jeder macht mal Fehler

Also gewöhnen Sie sich besser daran! Wichtig ist nur, dass Sie Leichtsinnsfehler (etwa aus Hektik) vermeiden und aus Ihren Fehlern lernen.
Ist Ihnen dennoch ein Fehler unterlaufen? Stehen Sie dazu! Ein Vertuschen schadet nicht nur Ihrem Image, sondern führt oft zu noch viel schlimmeren Konsequenzen. Außerdem verstärkt sich Ihr Stress, wenn Sie Angst haben müssen, dass ein Fehler auffliegt. Und Sie sollten sich entschuldigen. Schieben Sie niemals die Schuld anderen oder „dem System" zu. Auch ein „Sie haben aber ..." kommt meistens nicht gut an. In der Regel lässt sich ein schnell entdeckter oder zugegebener Fehler auch leichter korrigieren beziehungsweise der Schaden begrenzen.

Tipp

Fällt es Ihnen schwer, sich Fehler zu verzeihen? Wer ständig mit sich hadert, sollte sich fragen: Kann ich die Zeit zurückdrehen und die Sache ungeschehen machen? Nein! Darum hat ein „Hätte-wäre-wenn" keinen Sinn. Konzentrieren Sie sich lieber auf eine Lösung und lernen Sie für die Zukunft.

9. Schon motiviert?

Ungeliebtes anpacken, Antriebslosigkeit überwinden, neue Ziele anvisieren ... Eigenmotivation macht Sie unabhängig, zufriedener und selbstbewusster!

Motivationstechniken

Warten Sie nicht darauf, dass andere Sie motivieren. Gerade wenn sich Ihre mangelnde Motivation in Ihrem Gesicht und Ihrer ganzen Art zeigt, ist Ihr Umfeld erst recht nicht wild darauf, auf Sie zuzugehen.
Auch schon kleine Schritte können Ihre Motivation spürbar verbessern.

- „Als ob“: Besinnen Sie sich auf die Wichtigkeit der Aufgabe und geben Sie vor, Sie würden sie gern erledigen. Sie geht dann nicht nur leichter von der Hand, sondern es stellt sich häufig tatsächlich ein gutes Gefühl ein.
- Die Umgebung verändern: Warum nicht mal das Zimmer umstellen, eine Wand anmalen oder einen bunten Blumenstrauß mitbringen?
- Frischen Wind reinbringen: Verändern Sie Ihre Arbeitsweise, probieren Sie etwas Neues aus, tauschen Sie auch mal Zuständigkeiten mit Kollegen.
- Lassen Sie Fortschritte sichtbar werden: durch die schrumpfende To-Do-Liste, den aufgeräumten Schreibtisch oder

Tipp

Machen Sie sich eine Liste, was Ihnen Freude macht und Sie entspannt (ein Plausch mit der besten Freundin, ein Spaziergang mit Ihrem Hund, ein gemütliches Vollbad ...). Bauen Sie diese Kleinigkeiten so oft es geht in Ihren Alltag ein.

einen dicken roten Punkt im Kalender, wenn Sie etwas erledigt haben.

- Belohnungen: Die leckeren Südfrüchte nach einem stressigen Arbeitstag, der neue CD-Player bei erfolgreichem Bestehen einer Prüfung ... belohnen Sie sich gezielt.

Tipps gegen Durchhänger

Es ist sehr unwahrscheinlich, dass Sie aus heiterem Himmel ein Motivationsblitz trifft. Das Patentrezept gegen Lust- und Antriebslosigkeit heißt: aktiv werden.
Wenn Sie einen richtigen Durchhänger haben, sollten Sie erst einmal die Lage analysieren:

- Worin konkret besteht meine Motivationslosigkeit? Was hat sie ausgelöst?
- Ist sie situationsbezogen? Oder handelt es sich um eine generelle Lustlosigkeit, die sich auf mein ganzes Leben erstreckt und in einen Alltagstrott mündet?
- Wie äußert sie sich? Was möchte ich erledigen? Worauf habe ich überhaupt keine Lust?
- Wie hätte ich es gerne? Und was kann und werde ich tun, um es zu ändern?

Wenn Sie diese Fragen für sich beantwortet haben, sind Sie schon einen Schritt weiter. Jetzt müssen Sie nur noch aktiv werden: Nehmen Sie sich ein, zwei Kleinigkeiten vor und integrieren Sie diese in Ihren Alltag!

Denken Sie daran

Häufiger Auslöser für Motivationslöcher ist Überforderung. Achten Sie auf sich selbst und nehmen Sie sich und Ihre Bedürfnisse ernst. Dazu gehört vor allem, dass Sie mit Ihren Kräften und Ihrer Energie haushalten und lernen, auch mal Nein zu sagen (→ 38. Grenzen setzen – Nein sagen).

10. Faulsein — mit System

Der Begriff „faul" ist ziemlich negativ besetzt, „faulenzen" wird da schon eher akzeptiert. Richtig genutzt kann Ihnen Faulheit sehr viel bringen.

Ist es überhaupt Faulheit?

Etwas nicht anpacken zu wollen hat nicht immer nur mit „faul sein" zu tun. Vielleicht steckt dahinter, dass Sie

- Scheu davor haben, etwas zu unternehmen („Ich traue mich nicht ins Fitness-Studio, weil ich Übergewicht habe.");
- nicht genau wissen, wo Sie anfangen sollen („Ich müsste mit der Präsentation beginnen, aber ich weiß nicht wie, darum fang ich lieber erst gar nicht an.");
- keine Lust haben, weil Sie sich etwas vorgenommen haben, hinter dem Sie gar nicht stehen („Ich sollte für mein Fernstudium lernen, aber am liebsten würde ich es hinwerfen.");
- Angst vor dem Versagen haben („Vielleicht kann ich es nicht oder werde ausgelacht.");
- keine Energie haben (körperlich erschöpft sind);
- in irgendeiner Weise (beruflich/privat) überfordert sind;

Denken Sie daran

Bewegung, besonders an der frischen Luft, ist der Fitmacher schlechthin! Wenn Sie es einmal ausprobiert haben, werden Sie es nicht mehr missen wollen, denn der innere Schweinehund ist nur am Anfang groß. Die Aussicht, nach ein bisschen Bewegung frisch und aktiv in den Feierabend gehen zu können, macht schnell Lust auf mehr!

- Alternativen vermeiden wollen („Lieber bleibe ich vor dem Fernseher sitzen, als dass ich auf einer Party mit fremden Leute zusammentreffen und Smalltalk machen muss.").

Die Beweggründe sind vielfältig, darum lohnt es sich immer, sein eigenes Verhalten genauer unter die Lupe zu nehmen.

Anti-Couch-Potato

Nichtstun bedeutet nicht automatisch entspannen. Das weiß jeder, der sich abends vor den Fernseher setzt: Der Erholungseffekt ist gleich null. Ganz abgesehen von der Lebenszeitverschwendung, derer man sich sehr wohl bewusst ist. Zudem füllt passives Herumsitzen leider auch keine Energietanks auf, ganz im Gegenteil. Wenn Sie nun zusätzlich ein Stress-Esser sind, baut sich schnell überschüssiges Gewicht auf und Sie fühlen sich noch schlechter.

Planen Sie daher Ihre Couch-Sessions gezielt: Setzen Sie sich entspannt hin, legen Sie Ihr Lieblingslied auf und tun Sie nichts anderes, als ganz bewusst zuzuhören.

Wenn Sie fernsehen: Wählen Sie Sendungen gezielt aus oder holen Sie sich eine schöne DVD, anstatt sich endlos berieseln zu lassen.

Faulheit bringt Sie weiter!

In dem Moment, in dem Sie überlegen, wie Sie etwas mit weniger Aufwand schaffen können, tun Sie sich einen Gefallen. Warum Arbeit, Einsatz und Zeit vergeuden, wenn's einfacher geht? Oft werden so neue Ideen geboren, um die Arbeit zu rationalisieren.

Tipp

Fragen Sie sich immer: Wie geht das einfacher? Wie kann ich mit weniger Aufwand dasselbe erreichen – oder sogar noch mehr?

11. Mit Humor geht alles leichter

Wünschen Sie sich mehr Gelassenheit? Dann ist Humor Ihr wichtigster Verbündeter, denn er entspannt – Sie selbst und kritische Situationen.

Lachen ist gesund

Das bestätigt nicht nur der Volksmund. Auch die Wissenschaft ist am Lachen interessiert: Gelotologie ist der Fachbegriff für Lachforschung. Unter anderem haben die Wissenschaftler herausgefunden, dass Lachen

- die Atmung und Durchblutung fördert,
- Verspannungen löst,
- die Immunabwehr stärkt,
- die Verdauung anregt,
- den Blutdruck senkt und natürlich
- Stress abbaut und Glückshormone (Endorphine) freisetzt.

Denken Sie daran

Geben Sie dem Lachen viel Raum im Alltag, etwa durch einen Gag unter Kollegen oder einen lustigen Film. Sprechen Sie nicht nur über Probleme und Ärger, sondern witzeln Sie auch ausgiebig.

Locker gewinnt

Kennen Sie das? Sie tragen zu viel auf einmal und fürchten schon, dass das nicht gut geht – und prompt fällt Ihnen alles herunter: Papiere liegen verstreut auf dem Boden, der Kaffee ist überall verspritzt. Und nun? Werfen Sie gleich noch was hinterher? Sind Sie total sauer auf sich selbst und reißen vol-

ler Wut den Putzlappen aus dem Schrank? – Oder schütteln Sie den Kopf, lachen über das vorhersehbare Missgeschick und machen sich ans Aufräumen?
Dieses Beispiel zeigt sehr schön, dass wir die Wahl haben, wie wir mit Situationen umgehen. Das Chaos ist schon entstanden: Die Papiere liegen am Boden in der Kaffeepfütze. Wenn Sie jetzt wütend reagieren, machen Sie die Sache für sich selbst nur noch schlimmer. Denn wer sich in negative Gefühle hineinsteigert, konserviert und verstärkt diese. Wenn Sie aber Wut und Stress aktiv abblitzen lassen und das Chaos mit einem Schulterzucken beseitigen, behalten Sie die gute Laune. Studien haben ergeben, dass negative Emotionen kontrolliert werden können, wenn man sie im Moment ihrer Entstehung bewusst wahrnimmt, dann aber ebenso bewusst beiseite schiebt und ganz normal weitermacht.

Gelassenheit ist trainierbar

Sicherlich können auch Sie herzhaft lachen und auch mal Fünfe gerade sein lassen. Die meisten Menschen lassen sich jedoch vom Stress einfach mitziehen. Schon eine kleine Auszeit hilft Ihnen, wieder einen klaren Kopf zu bekommen.
Das geht natürlich nicht von jetzt auf gleich. Doch wenn Sie sich immer wieder in Erinnerung rufen, auch den hektischsten Situationen etwas Lustiges abzugewinnen – ohne den Ernst der Lage zu verkennen –, werden Sie gelassener.

Tipp

Übertreibung hilft dem Lachen auf die Sprünge: Ziehen Sie im Spiegel eine Grimasse, jammern Sie kurz laut und erbärmlich vor sich hin, heben Sie theatralisch die Hände zur Wehklage. Machen Sie das ganz betont, dann entlocken Sie nicht nur sich selbst ein Lächeln, sondern brechen aktiv aus dem Stress-Strudel aus und können anschließend klarer sehen.

12. Schnelle Hilfe gegen Stress

Lassen Sie sich von Druck und Stress nicht überwältigen, sondern werden Sie aktiv, sobald Sie die ersten Anzeichen von Anspannung an sich bemerken.

Ganz ruhig

Die einfachste und wirksamste Möglichkeit, um Stress im Keim zu ersticken, ist, Ruhe in den Körper zu bringen. Sobald Sie Druck und Anspannung fühlen, halten Sie inne und

- atmen Sie bewusst langsam und tief. Indem Sie die Atmung beruhigen, beruhigt sich bald das gesamte Sympathische Nervensystem. Konzentrieren Sie sich auf Ihren Bauch- und Brustraum. Spüren Sie, wie sie bei der Einatmung weit und groß werden. Atmen Sie besonders langsam und kontrolliert aus.
- lösen Sie aktiv körperliche Anspannungen. Lassen Sie Ihre Schultern bewusst nach unten sinken und stellen Sie sich vor, dass sie ganz weich und warm sind. Achten Sie auf Ihre Hände und Finger und lassen Sie sie ganz locker. Entspannen Sie Kiefer, Zunge und Lippen.

Tipp

Eine Aufgabe ganz langsam und bewusst zu erledigen wirkt schnell beruhigend. Konzentrieren Sie sich dabei auf die Tätigkeit. Atmen Sie bewusst langsam und tief. Um die Konzentration zu halten und die Wirkung zu verstärken, können Sie im Kopf kommentieren, was Sie gerade machen („Jetzt nehme ich den Stapel Unterlagen ...“).

- aktivieren Sie die Thymusdrüse. Sie liegt hinter dem oberen Teil des Brustbeins und gehört zum Immunsystem. Diese Drüse zieht sich bei Anspannung zusammen, was Ängstlichkeit und Enge-Gefühle auslösen kann. Klopfen Sie mit den Fingerspitzen leicht auf das Brustbein, um sie zu aktivieren und zu lockern.

Eine mentale Auszeit

Wenn Sie körperlich etwas ruhiger geworden sind, können Sie auch wieder klarer denken. Nutzen Sie Ihren Verstand, um innere Distanz zu gewinnen und Ordnung in das Chaos zu bringen, indem Sie beispielsweise

- sich selbst zur Räson rufen („Moment mal! Jetzt ganz ruhig! Erst mal hingucken und nachdenken!");
- sich selbst aufbauen („Ich kann mir Durchblick verschaffen! Ich bin schon wieder ruhiger!");
- sich ablenken und auf etwas anderes konzentrieren. (Beschäftigen Sie sich mit etwas anderem oder erinnern Sie sich an etwas Angenehmes. So geben Sie dem Körper und dem Geist Zeit, sich zu beruhigen.)

Übrigens: In Stressmomenten ist es oft am allerbesten, sich eine kurze Auszeit zu nehmen. Egal ob Sie sich von Zeitdruck, einer schwierigen Aufgabe oder einem unangenehmen Gespräch in die Enge getrieben fühlen, für ein paar Minuten mental abzuschalten kann Wunder wirken.

Denken Sie daran

Achten Sie auf Ihre Gefühle und Ihren Körper: Je besser Sie sich kennen, umso schneller und effizienter können Sie schon bei den allerersten Anzeichen von Stress eingreifen. Es ist viel leichter und sinnvoller, Anspannungen vorzubeugen, als im Nachhinein die Entspannung wiederherzustellen.

13. Bleiben Sie in Bewegung

Um generell fit zu bleiben, Müdigkeit zu verscheuchen und den Körper in Schwung zu halten, ist körperliche Bewegung ein ideales Mittel.

Fit im Alltag

Im Laufe eines Tages gibt es zahlreiche Gelegenheiten, bei denen Sie körperlich aktiv werden können. Sie müssen nicht die Mittagspause zum ausgiebigen Joggen nutzen, auch kurze Bewegungseinheiten zwischendurch wirken sich positiv auf Vitalität und Fitness aus.

- Mit dem Fahrrad fahren: Das erfrischt am Morgen und ist nach getaner Arbeit ein wunderbares Stressventil. Auch in der Mittagspause hilft eine Runde mit dem Fahrrad, um Druck und Ärger abzubauen.
- Kurze Gänge zwischendurch: Anstatt alles per E-Mail oder Telefon zu erledigen, können Sie zu den Kollegen gehen. Das bringt nicht nur Leben in Ihren Körper, sondern fördert auch die zwischenmenschlichen Beziehungen.
- Sich bewusst bewegen: Nutzen Sie den Gang in die Küche oder auf die Toilette als willkommene Bewegungs-Gelegenheiten. Gehen Sie bewusst aufrecht und locker und lassen Sie die Arme schwingen.
- Die Pausen nutzen: Vertreten Sie sich die Beine, das ist viel erholsamer und regenerierender als nur zu sitzen. Schon ein flotter Spaziergang von fünf Minuten, einmal kurz um den Block, bringt Sie in Schwung.
- Treppen steigen: Gewöhnen Sie es sich an, Aufzüge und Rolltreppen prinzipiell links liegen zu lassen und zu Fuß zu gehen. Sie können die Stufen flott und zügig hochlaufen, um den Kreislauf zu aktivieren und in Schwung zu

kommen. Sie können aber auch langsam und bewusst Stufe für Stufe nehmen, um sich beispielsweise auf ein anstrengendes Gespräch zu konzentrieren.

Übung

Machen Sie zwischendurch die „Venenpumpe", um den Kreislauf zu aktivieren. Treten Sie auf der Stelle, ohne die Füße vom Boden abzuheben. Barfuß geht es am besten, weil Sie dann die Füße gut abrollen können. Dann mit beiden Füßen auf die Fußspitzen: hoch und runter, so oft Sie es schaffen.

So bringen Sie Bewegung in die Arbeit

Auch während der Arbeit gibt es viele Gelegenheiten, um dem Körper immer wieder zu seinem Recht zu verhelfen – selbst wenn Sie viel sitzen. Sie können beispielsweise

- sich bewusst und aktiv nach vorne strecken, wenn Sie den Telefonhörer abnehmen;
- den Oberkörper genüsslich nach unten dehnen, wenn Sie etwas aus einer Schublade holen;
- nicht den Stuhl zum Drehen benutzen, sondern langsam den ganzen Oberkörper aus der Hüfte heraus nach hinten drehen, wenn beispielsweise jemand ins Zimmer kommt.

Gut zu wissen

Bewegungsmangel senkt sowohl den Energielevel als auch die Stimmung. Gesünder, als sich mit Kaffee oder Süßigkeiten aufzuputschen, sind viele kleine und bewusst erlebte Bewegungseinheiten zwischendrin. Seien Sie kreativ und schaffen Sie sich Ihre ganz persönlichen Bewegungsoasen.

14. Fitness am Schreibtisch

Durch langes Sitzen und intensives Arbeiten spannt sich der Körper an – Sie werden müde und schlapp. Kurze Übungen zwischendurch halten Sie fit.

Übungen im Sitzen

Bewegungsmangel senkt auch die psychisch-mentale Fitness und macht stressanfällig. Dagegen lässt sich einiges unternehmen. Probieren Sie es einmal damit:

- Aktivieren Sie Hände und Finger. Schütteln Sie die Hände aus und kreisen Sie intensiv die Handgelenke. Machen Sie feste Fäuste, öffnen Sie die Hände und spreizen Sie die Finger energisch auseinander. Bewegen Sie einen Finger nach dem anderen: zuerst beugen und strecken, dann im Grundgelenk nach rechts und nach links kreisen.
- Bringen Sie Schultern und Oberkörper in Schwung. Legen Sie die rechte Hand auf die rechte und die linke Hand auf die linke Schulter und kreisen Sie langsam in den Schultergelenken. Fassen Sie die Ellbogen hinter dem Rücken, öffnen Sie den vorderen Brustkorb und ziehen Sie die Schulterblätter intensiv nach hinten und unten. Legen Sie die Unterarme auf den Tisch und ziehen Sie den Oberkörper genüsslich weit nach rechts und nach links.
- Bringen Sie den ganzen Körper auf Touren. Setzen Sie sich auf dem Stuhl ganz nach vorne und stellen Sie die Fußspitzen auf den Boden – mit etwa einem halben Meter Abstand dazwischen. Verlagern Sie möglichst wenig Gewicht auf die Füße. Schließen und öffnen Sie die Knie kräftig und kontrolliert. Atmen Sie beim Schließen aus und beim Öffnen ein. Steigern Sie das Tempo allmählich, aber machen Sie die Bewegung immer intensiv und kontrolliert.

Tipp

Wenn Sie gar keine Zeit für eine Pause haben, können Sie sich damit helfen: Ziehen Sie Ihre Schultern ein paar Mal fest nach oben zu den Ohren und atmen Sie dabei ein. Senken Sie sie dann bewusst und langsam und atmen Sie aus. Diese gleichzeitig entspannende und vitalisierende Schulter-Mobilisation können Sie entweder während der Arbeit oder etwa bei einem Gang in die Küche machen.

Übungen im Stehen

Stehen Sie zwischendurch auf und wecken Sie Ihre Lebensgeister. Zum Beispiel mit folgenden Übungen – am besten bei geöffnetem Fenster:

- Gehen Sie im Zimmer auf und ab, ziehen Sie die Schultern bei jedem Ausatmen energisch nach unten und hinten.
- Halten Sie sich am Schreibtisch fest, lehnen Sie den Oberkörper weit nach vorne und strecken Sie die Beine abwechselnd nach hinten und oben. Machen Sie die Bewegung kontrolliert (ohne Schwung!) und kraftvoll.
- Stellen Sie die Füße hüftbreit auseinander und verlagern Sie das Gewicht auf das rechte Bein. Heben Sie langsam das linke Bein und finden Sie Ihre Balance. Wenn Sie sich sicher fühlen, schwingen Sie das linke Bein nach vorne und nach hinten – steigern Sie die Intensität. Dann das Bein wechseln.

Gut zu wissen

Je öfter Sie etwas Bewegung in den Körper bringen, umso kleinere „Dosen“ sind nötig, um Verspannungen zu lösen und die Vitalität zu steigern.

15. Rückenschule

Rücken und Schultern sind besonders anfällig für Verspannungen und Schmerz. Doch es gibt viele Möglichkeiten, Muskeln und Wirbelsäule fit und flexibel zu halten.

Richtiges Sitzen entspannt

Es muss überhaupt nicht sein, dass Sie am Abend mit müdem Rücken und verspannten Schultern nach Hause gehen! Das Rezept dagegen ist eine wirkungsvolle Mischung aus:

1. dynamischem Sitzen, also öfter die Sitzposition ändern;
2. zwischendurch immer wieder die physiologisch richtige Sitzhaltung einnehmen und üben;
3. Bewegungspausen einlegen und Spannungen so schnell wie möglich wieder auflösen.

Denken Sie daran

Die Übungen sollen immer angenehm sein! Machen Sie sie mehrmals, damit die Muskeln warm und geschmeidig werden – und Sie die Bewegungen wirklich genießen können.

Dynamisch, nicht starr

Sitzen Sie eine Zeit lang aufrecht und aktiv, lehnen Sie sich zwischendurch an, setzen Sie sich mal an den vorderen Stuhlrand und mal ganz nach hinten. Wenn Sie Ihre Sitzposition ändern oder aufstehen, können Sie das mit kleinen und einfachen Bewegungen verbinden. Neigen Sie sich zur Seite oder nach vorne und genießen Sie diese kurze Dehnung. Sie können sich auch zwischendurch auf einen Ball, einen anderen Stuhl oder auf den Boden setzen oder ein paar Schritte gehen. All das lockert und entspannt Muskeln und Wirbelsäule.

Physiologisch richtig

Eine physiologisch richtige Sitzhaltung heißt, aufrecht und aus eigener Kraft zu sitzen – und die Form der Wirbelsäule (Doppel-S-Form) zu berücksichtigen, damit diese sich nicht verkrampft. Legen Sie daher immer wieder Sitzphasen ein, in denen Sie beide Füße hüftbreit am Boden aufstellen und

- auf den Sitzhöckern sitzen (nicht auf dem ganzen Gesäß),
- die Lendenwirbelsäule aufrichten (nicht nach hinten hängen lassen),
- die Schultern nach hinten und unten ziehen (nicht nach vorne und keinen Rundrücken machen),
- den Kopf aufrecht halten: Stellen Sie sich vor, dass ein Faden an Ihrem Hinterkopf befestigt ist, der Sie senkrecht nach oben zieht.

Bewegung für den Rücken

Tun Sie Ihrem Rücken etwas Gutes und entspannen und dehnen Sie ihn regelmäßig. Machen Sie den ganzen Rücken so rund wie möglich. Genießen Sie die Dehnung und richten Sie sich langsam, Wirbel für Wirbel, wieder auf.
Oder machen Sie den Rücken lang. Beugen Sie sich im Stehen nach vorne und legen Sie beide Hände auf den Schreibtisch. Gehen Sie mit den Beinen so weit nach hinten, dass Ihr ganzer Rücken möglichst langgestreckt ist. Drücken Sie den Oberkörper sanft in Richtung Schreibtisch und ziehen Sie die ganze Wirbelsäule auseinander.

Tipp

Nackenschmerzen können auch von der Gewohnheit kommen, den Kopf nach vorne zu ziehen. Achten Sie auf Ihre Kopfposition und ziehen Sie das Kinn ganz leicht in Richtung Brustbein: So wird die Halswirbelsäule gedehnt und der Nacken entlastet.

16. Augen auf!

Die Augen werden im Alltag sehr beansprucht und oft überlastet. Zum Glück können Sie leicht etwas unternehmen, um sie wieder zu beruhigen und einen klaren Blick zu behalten.

Wie Sie Ihren Augen etwas Gutes tun

Die beste Vorbeugung gegen Stress ist, regelmäßig Entspannung und Leben in den Körper zu bringen: Das gilt auch für die Augen. Obwohl sie den ganzen Tag über sehr beansprucht werden, kümmert man sich kaum um sie. Müde, trockene, gerötete oder gar schmerzende Augen, die nur ungern ihren Dienst verrichten, sind oft die Folge. „Warten" Sie Ihre Augen regelmäßig, es lohnt sich, denn mit klarem Blick arbeitet es sich viel leichter und besser. Sie helfen Ihren Augen, wenn Sie während der Arbeit

- regelmäßig und bewusst blinzeln. Blinzeln regt die Produktion der Tränenflüssigkeit an, verteilt sie über den Augapfel und reinigt so die Augen. Das ist die beste Vorbeugung gegen trockene Augen und verschwommene Sicht.
- Bewegung in die Augen bringen. Lösen Sie den Blick alle paar Minuten von der Arbeit und lenken Sie ihn ganz bewusst auf etwas anderes. Sie können sich dafür gezielt ein paar Dinge aussuchen, zum Beispiel ein Bild an der Wand oder die Lampe über Ihnen. Schließen Sie auch zwischendurch einfach mal Ihre Augen. So wirken Sie einer einseitigen Belastung der Augenmuskulatur entgegen.
- Dinge in unterschiedlicher Entfernung fokussieren. Nutzen Sie Pausen oder auch den Wechsel zur nächsten Tätigkeit, um den Blick schweifen zu lassen und auf Gegenstände in unterschiedlicher Entfernung zu richten. Das entspannt den Ziliarmuskel, der die Form der Linse reguliert, und hält ihn beweglich.

Übrigens: Trockene und brennende Augen können auch von Flüssigkeitsmangel ausgelöst werden und ein Zeichen dafür sein, dass Sie zu wenig trinken.

Tipp

Starren Sie beim Lesen nicht auf die Buchstaben, sondern konzentrieren Sie sich mehr auf den Hintergrund. Nehmen Sie die weißen Flächen zwischen den Buchstaben wahr. Das entlastet die Augen.

Augenübungen für zwischendurch

Es tut sehr gut, am Arbeitsplatz ab und zu mal ein paar Übungen für die Augen einzuschieben, um sie zu entspannen und zu regenerieren.

Übung 1: Öffnen und schließen Sie die Augen ein paar Mal kraftvoll, indem Sie die Lider bewusst und intensiv nach oben und nach unten ziehen. Spüren Sie, wie die Bewegung die Augen aktiviert.

Übung 2: Schauen Sie langsam so weit wie möglich nach oben und atmen Sie tief ein, dann schauen Sie langsam so weit wie möglich nach unten und atmen tief aus.

Übung 3: Halten Sie den Daumen zehn Zentimeter vor Ihre Augen und fokussieren Sie, dann bewegen Sie ihn langsam zur Nase, während Sie einatmen. Spüren Sie, wie sich die Augenmuskeln nach innen ziehen. Bewegen Sie den Daumen wieder weg und atmen Sie dabei aus.

Denken Sie daran

Vor allem in anstrengenden Situationen tendiert man dazu, sich anzuspannen und zu starren. Achten Sie darauf, aktiv zu blinzeln, und stellen Sie sich vor, dass Ihre Augen weich und locker sind.

17. Locker bleiben!

Geben Sie Anspannungen keine Chance, sich in Ihrem Körper festzusetzen. Lockern und dehnen Sie sich zwischendurch – das entspannt auch den Geist.

Bewegen Sie Ihren Oberkörper

Gönnen Sie sich regelmäßig ein paar Minuten, um Leben in die besonders beanspruchten Körperteile zu bringen; spüren Sie, wie Ihr Körper wieder geschmeidig und locker wird. Wiederholen Sie die Übungen immer mehrmals, Sie werden sehen, wie gut das auch der Psyche tut!

Hals und Nacken

- Aufrecht sitzen, den Kopf langsam nach rechts drehen und ausatmen, zurück zur Mitte und einatmen, nach links drehen und ausatmen usw.
- Die rechte Hand auf den Kopf legen und ihn sanft nach rechts neigen (rechtes Ohr zur rechten Schulter) – dann dasselbe nach links.

Übung

Sie möchten Ihren ganzen Oberkörper lockern? Dann beugen Sie sich im Stehen nach vorne, lassen Sie Kopf, Arme und Oberkörper nach unten hängen. Bewegen Sie den Kopf ganz leicht und langsam (nicken, Nein sagen, kreisen) und spüren Sie, wie sich Hals und Nacken entspannen. Lassen Sie die Arme schwer nach unten hängen und fühlen Sie, wie die Schultern allein durch die Schwerkraft etwas gedehnt werden. Schütteln Sie Hände, Arme und Schultern genüsslich nach unten aus.

Schultern, Rücken und Brustkorb

- Die rechte Hand auf die linke Schulter legen, mit der linken Hand den rechten Ellbogen fassen und zur linken Schulter ziehen, um die rechte Schulter zu dehnen – dann die Seite wechseln.
- Die Arme vor der Brust kreuzen und die Hände auf die jeweils gegengleiche Schulter legen, den Oberkörper langsam und so weit wie möglich nach rechts drehen und nach hinten gucken – dann nach links.
- Die Arme seitlich ausstrecken, mit den Daumen nach oben, die Arme langsam nach hinten ziehen (Schultern tief lassen!) und kurz halten, um die Brustmuskeln zu dehnen.

Machen Sie sich lang

Diese Ganzkörper-Dehnungen verschaffen Ihnen nach einem langen Arbeitstag Erleichterung.

- Stehen Sie aufrecht, heben Sie den rechten Arm senkrecht nach oben und legen Sie die linke Hand außen an den linken Oberschenkel. Ziehen Sie die rechte Hand so weit wie möglich nach oben und die linke weit nach unten zum Boden. Dehnen Sie sich so richtig auseinander. Dann wechseln Sie die Arme.
- Kreuzen Sie im Stehen das rechte Bein über das linke, sodass die Außenseiten der beiden Füße parallel zueinander stehen (so eng zusammen wie möglich). Heben Sie beide Arme seitlich hoch, strecken Sie sie nach oben und neigen Sie Arme und Oberkörper weit nach links und oben. Spüren Sie die Dehnung der ganzen linken Körperseite: von den Beinen bis in die Fingerspitzen. Dann gegengleich.

Denken Sie daran

Führen Sie Dehnübungen immer langsam, sanft und kontrolliert durch. Auf keinen Fall zerren, wippen oder sich ruckartig bewegen!

18. Einseitig belastet?

Beugen Sie den Folgen einseitiger Belastung vor: durch körperbewusstes Verhalten und durch Ausgleichübungen für besonders in Mitleidenschaft gezogene Körperteile.

Auch wenn Sie immer wiederkehrende Anstrengungen oder Bewegungen nicht verhindern können, müssen Sie es nicht zu Verspannungen oder gar Schmerzen kommen lassen. „Erstarren" Sie nicht in einseitigen Bewegungen oder Haltungen, sondern werden Sie kreativ und finden Sie eine wohltuende Gegenbewegung.

Wenn Sie Schweres tragen

Achten Sie darauf, dass Sie Wirbelsäule und Bandscheiben richtig belasten, indem Sie

- die Knie beugen und in die Hocke gehen, den Rücken bewusst gerade lassen und die Kraft der Oberschenkel nutzen, um etwas aufzuheben (nicht mit durchgestreckten Knien und aus dem Kreuz heraus);
- aufrecht gehen, sodass Schultern, Hüften und Fußgelenke in einer Linie sind und das Gewicht optimal verteilt wird.

Wenn Sie viel stehen

Probieren Sie einmal Folgendes, um die Spuren einseitiger Stehbelastung zu beseitigen:

- Strecken Sie im Sitzen die Beine nach vorne aus und kreisen Sie Ihre Füße intensiv in den Gelenken.
- Stehen Sie aufrecht, die Füße hüftbreit auseinander. Verlagern Sie das Gewicht auf das rechte Bein und heben Sie das linke seitlich an, dann das Gewicht auf das linke Bein verlagern und das rechte heben. Kommen Sie in eine rhyth-

mische „Wiegebewegung" und intensivieren Sie sie, indem Sie die Beine immer weiter heben.

Wenn Sie oft gebückt stehen

- Nutzen Sie Pausen, um die Wirbelsäule wieder ins Lot zu bringen und den Brustbereich zu dehnen. Stehen (oder sitzen) Sie möglichst aufrecht, verschränken Sie die Finger im Nacken, halten Sie die Ellbogen auf Schulterhöhe und ziehen Sie sie bewusst nach hinten. Nehmen Sie wahr, wie der Brustkorb sich weitet und Sie wieder leichter und tiefer atmen können.
- Probieren Sie am Ende Ihres Arbeitstages diese sehr effiziente Gesamtkörperbewegung: Fassen Sie im Stehen die Hände über dem Kopf und ziehen Sie sich weit nach oben, sodass Ihre Wirbelsäule ganz lang wird – ein paar Mal hintereinander. Wenn es Ihnen gut tut: Machen Sie eine kleine Rückbeuge im oberen Rücken, indem Sie Arme, Kopf und oberen Rücken sanft nach hinten und oben ziehen.

Übung

Egal, ob Sie viel sitzen, stehen oder Ihren Körper anderweitig einseitig beanspruchen, es ist immer sehr wohltuend, den unteren Rücken zu mobilisieren und zu dehnen. Beugen Sie sich im Stehen nach vorne und stützen Sie die Händen auf die Oberschenkel. Stehen Sie fest auf den schulterbreit geöffneten Füßen und lassen Sie die Knie leicht gebeugt. Kippen Sie das Becken nach vorne, sprich: Machen Sie den unteren Rücken so rund Sie können. Spüren Sie, wie die Lendenwirbel auseinander gezogen und damit auch die Bandscheiben entlastet werden. Machen Sie dann ganz bewusst und langsam die Gegenbewegung, also ein leichtes (!) Hohlkreuz. Wiederholen Sie diese „Becken-Wippe" mehrmals.

19. Spaß am Sport

Bewegung und Sport sind sehr wirksame Mittel, um Spannungen und Stresshormone abzubauen – und um die Belastbarkeit des Körpers zu erhöhen.

Finden Sie das Richtige

Bedürfnisse und Geschmäcker sind sehr unterschiedlich, nicht jeder ist fürs Laufen oder Krafttraining geboren. Damit Sie sich wirklich auf einen Sport einlassen und dranbleiben, müssen Freude und Spaß mit im Spiel sein. Deshalb sollten Sie bewusst eine Sportart auswählen, die zu Ihnen passt.
Überlegen Sie genau, welche Art von Bewegung Sie sich wirklich vorstellen können. Sind Sie eher ein Ausdauertyp oder liegen Ihnen kürzere Einheiten mehr? Wollen Sie unbedingt an die frische Luft oder möchten Sie gerne in Räumen trainieren? Welche Voraussetzungen bringen Sie mit (allgemeine Fitness, Einschränkungen, Talente und Vorlieben)? Möchten Sie alleine aktiv werden oder brauchen Sie eine Gruppe?
Je mehr Klarheit Sie haben, umso gezielter können Sie sich umsehen und Verschiedenes ausprobieren. Neben den klassischen Freizeitsportarten (Joggen, Schwimmen, Tennis und Krafttraining) gibt es mittlerweile eine Fülle von Möglichkeiten. Zu nennen wären hier etwa Ausdauersportarten wie

Tipp

Auch wenn Sie viel Disziplin haben und gut aus Büchern lernen können: Zum Einstieg ist es am sinnvollsten, professionellen Unterricht zu nehmen.
So verhindern Sie typische Anfängerfehler und bekommen qualifiziertes und hilfreiches Feedback, das für die Verbesserung Ihrer Leistung wichtig ist.

Walking und Nordic Walking (mit Stöcken), Body-Mind-Trainings (zum Beispiel Pilates, Yoga und auch verschiedene Kampfsportarten) oder Bewegungsprogramme, um Körpergefühl und Koordination zu verbessern (etwa Rückengymnastik, Feldenkrais oder Qi Gong).

Clever starten

Wenn Sie die richtige Sportart für sich gefunden haben, sollten Sie darauf achten, dass Sie sich nicht übernehmen. Sich mit Leuten zu messen, die seit Jahren üben, oder in kürzester Zeit riesige Fortschritte zu erwarten ist einfach unrealistisch – und Frust und Stress sind vorprogrammiert. Clever vorzugehen heißt in der Praxis

- klein anzufangen: Es ist sehr wichtig, dass Sie Überlastung, Erschöpfung und Schmerzen vermeiden! Das sind nicht nur Spaß-Killer, sondern sie führen auch zu Muskelkater oder gar zu Verletzungen.
- regelmäßig zu üben: Am besten mindestens dreimal pro Woche, nur dann gewöhnt sich Ihr Körper an die Bewegung und Sie bauen allmählich eine Gewohnheit auf, die einfach zu Ihrem Leben dazugehört.
- Schritt für Schritt vorzugehen: Setzen Sie sich nicht unter Druck, sondern trainieren Sie konsequent Ihren Möglichkeiten entsprechend. Nehmen Sie dabei jeden Fortschritt bewusst wahr. Das macht mehr Spaß und erleichtert es dem Körper, zu lernen und allmählich besser zu werden.

Denken Sie daran

Schließen Sie Ihr Bewegungstraining immer mit einer Entspannungsphase ab (zum Beispiel Dehn- und Atemübungen). Gerade wenn Ihnen das Abschalten schwer fällt, ist die leichte Müdigkeit nach einer Anstrengung eine gute Voraussetzung, um sich fallen zu lassen.

20. Training für den Kopf

Trainieren und stärken Sie Ihre mentale Flexibilität und Konzentrationsfähigkeit mit Übungen, die Ihre kleinen grauen Zellen in Schwung halten.

Flexibles Denken

Auch die „Hirnmuskeln“ verspannen sich bei langer und einseitiger Belastung – und wollen bewegt werden. Bringen Sie Leben in Ihr Oberstübchen, indem Sie Ihre mentalen Kräfte fordern und fördern. Nutzen Sie Pausen aktiv:

- Lesen Sie einen Text verkehrt herum (also auf dem Kopf stehend) oder rückwärts. So trainieren Sie Ihr Gehirn darin, außerhalb der üblichen Strukturen aktiv zu sein.
- Schreiben Sie möglichst viele Begriffe zu einem Thema auf, zum Beispiel Obstsorten, Farben, Bücher oder Sportarten. So trainieren Sie Ihr Gedächtnis und Erinnerungsvermögen.
- Nehmen Sie sich ein Erlebnis oder Thema vor und spekulieren Sie, was wohl alles dahinterstecken könnte. Lassen

Übung

Eine sehr gute Übung ist der Perspektivenwechsel. Wenn Sie beispielsweise eine Entscheidung Ihres Chefs nicht nachvollziehen können oder die Meinung einer bestimmten Person völlig ablehnen: Versetzen Sie sich in den anderen Menschen und stellen Sie sich vor, wie er wohl denkt und fühlt. Das ist nicht nur ein gutes Gehirntraining, sondern bringt Ihnen auch interessante Erkenntnisse – und hilft dabei, andere besser zu verstehen.

Sie Ihrer Fantasie freien Lauf und beziehen Sie möglichst viele Ihrer bisherigen Erfahrungen ein. So üben Sie, die verschiedensten Möglichkeiten zu durchdenken.

Konzentrieren Sie sich!

Eine wesentliche Voraussetzung, um auch bei starken Belastungen souverän zu bleiben, den Durchblick zu behalten und effizient zu sein, ist die Fähigkeit, sich zu konzentrieren und die Geisteskräfte zu bündeln. Auch das lässt sich trainieren und verbessern – zum einen durch Mentaltechniken wie beispielsweise Meditation (→ 25. Meditation und Yoga), zum anderen durch kleine Zwischendurch-Übungen:

- Zählen Sie konzentriert, zum Beispiel die Fenster im Haus gegenüber, die Regentropfen an der Fensterscheibe oder die Blätter einer Pflanze.
- Zählen Sie Ihre Atemzüge, etwa indem Sie von eins bis zehn zählen (immer beim Ausatmen) und dann rückwärts von zehn bis eins (immer beim Einatmen).
- Beobachten Sie intensiv. Richten Sie Blick und Gedanken auf ein Objekt Ihrer Wahl (die Blume auf Ihrem Schreibtisch, das Bild an der Wand oder den Kugelschreiber vor Ihnen) und konzentrieren Sie sich ein paar Minuten vollständig darauf. Eine anspruchsvollere Variante: Sehen Sie den Gegenstand so lange wie möglich an, ohne zu blinzeln, dann schließen Sie die Augen und versuchen sich das Objekt vor dem inneren Auge vorzustellen.

Gut zu wissen

Eine unspektakuläre, aber sehr effiziente Konzentrationsübung ist es, bei der ganz normalen Arbeit präsent zu sein und sie bewusst zu erledigen. So behalten Sie die Fäden in der Hand – der Stresskiller Nummer eins –, anstatt sich getrieben und ausgeliefert zu fühlen!

21. Kreativ im Alltag

Helfen Sie Ihrer Kreativität immer wieder auf die Sprünge. Es gibt verschiedene Möglichkeiten, um Ideenreichtum und Findigkeit zu fördern.

Machen Sie Ihren Kopf frei

Kreativität lässt sich nicht auf Knopfdruck herstellen, und gerade unter Zeitdruck oder wenn Sie sich überfordert fühlen, geht oft gar nichts mehr. Kein Wunder, denn kreative Energien werden nur freigesetzt, wenn Sie mental locker sind und wenn beide Gehirnhälften zusammenarbeiten. Deshalb kann eine kleine Pause, in der Sie sich ablenken, wahre Wunder wirken. Probieren Sie es mit

- Fingerübungen: Da die Finger besonders viele Nervenendungen im Gehirn haben, können Sie es durch Fingerspiele direkt aktivieren. Legen Sie die Fingerspitzen beider Hände aneinander und kreisen Sie die kleinen Finger umeinander (in beide Richtungen), dann die Ringfinger usw.
- Überkreuzübungen: Um beide Gehirnhälften zu stimulieren, bringen Sie Ihren rechten Ellbogen und Ihr linkes Knie langsam und bewusst zusammen, dann den linken Ellbogen und das rechte Knie.

Tipp

Auch das hilft, wenn Sie feststecken: Schieben Sie eine Routinearbeit ein und nutzen Sie diese bewusst als Auszeit. Je aufmerksamer Sie dabei sind und je intensiver Sie sich darauf einlassen, umso besser kann Ihr Gehirn ausruhen und neue Kräfte sammeln.

- Ballspielen: Werfen Sie einen Anti-Stressball im Sitzen oder Gehen mit einer Hand nach oben und fangen Sie ihn mit der anderen. Variieren Sie die Wurfhöhe oder fangen Sie den Ball mal auf Brusthöhe, dann kurz vor dem Boden.

Werden Sie kreativ

Sie sollen Ihrer Chefin neue Ideen für ein Projekt unterbreiten, aber Ihnen fällt nichts ein? Die gute Nachricht ist: Kreativität können Sie lernen! Die folgenden Techniken helfen Ihnen dabei, Ihre kleinen grauen Zellen in Schwung zu bringen.

- Brainwriting (um Ideen zu sammeln): Alle Anwesenden schreiben auf ein Blatt mit einer Frage innerhalb von fünf Minuten drei Lösungsvorschläge. Dann geben sie das Blatt an ihre Nachbarn weiter. Auf das erhaltene Blatt schreiben sie erneut drei Ideen, wobei sie sich von den vorherigen Antworten anregen lassen. Die Sitzung ist beendet, wenn jeder Teilnehmer jedes Blatt gehabt hat.
- „6-Hüte-Methode" (um Lösungen für komplexe Probleme zu finden): Man setzt symbolisch sechs farbige Hüte auf, um systematisch unterschiedliche Positionen einzunehmen und zu durchdenken (weiß = objektiv und neutral, rot = subjektiv und emotional, schwarz = objektiv die negativen Aspekte aufzeigen, gelb = objektiv die positiven Aspekte aufzeigen, grün = unkonventionelle Ideen einbringen, blau = zusammenfassen und entscheiden). Statt Hüten können Sie Papier oder Stifte in den entsprechenden Farben benutzen.

Gut zu wissen

Wenn Sie einen Knoten im Gehirn haben, kann es sehr hilfreich sein, den Sachverhalt entweder anderen oder sich selbst (am besten laut) zu erzählen und zu erklären. Allein dadurch entdecken Sie oft bisher übersehene Aspekte und Zusammenhänge.

22. Richtig atmen

Ruhiges, tiefes und fließendes Atmen spielt eine Schlüsselrolle, wenn es um Entspannung, innere Ruhe und Regeneration geht.

Lassen Sie den Atem fließen

Atmung und körperlich-psychischer Zustand hängen eng zusammen und beeinflussen sich gegenseitig: Unter Druck atmet man schneller und flacher, was den Stoffwechsel verändert und auf Dauer das klare Denken beeinträchtigt. Den Atem zu beruhigen ist eine sehr einfache und gleichzeitig wirksame Methode, um das vegetative Nervensystem – und damit den ganzen Organismus – „herunterzufahren". Es lohnt sich, auf Ihre Atmung zu achten – spätestens, wenn Sie erste Anzeichen von Anspannung bemerken. Schon durch die bewusste Steuerung des Atemrhythmus können Sie die Stress-Spirale stoppen.

Richtige Atmung ist mehr als Bauchatmung und spielt sich im gesamten Brust- und Bauchraum ab. Es handelt sich um eine intensive und hocheffiziente Teamarbeit von Lunge, Rippen, Zwerchfell und Atemmuskeln sowie Organen, die sich im Bauchraum verschieben – um ein möglichst großes Atemvolumen zu schaffen. Richtige Atmung erkennen Sie daran, dass sich der Brustkorb weitet und zwar rundherum – auch Schlüsselbeine, Rücken und Schultern werden weit – und sich das Zwerchfell (wichtigster Atemmuskel, der sich unter der Lunge befindet und den Brust- vom Bauchraum trennt) beim Einatmen weit nach unten wölbt und beim Ausatmen nach oben geht.

Falls auch Sie zu den Menschen gehören, die den Atem anhalten, wenn sie sich sehr anstrengen oder es eilig haben: Achten Sie in diesen Situationen besonders darauf, Ihre Atmung wieder in Fluss zu bringen. Schon das erleichtert und gibt Kraft und mehr Zuversicht.

Übung

Sitzen Sie aufrecht und atmen Sie tief und bewusst aus. Konzentrieren Sie sich darauf, wie Bauch und Brust nach innen gehen und die Schultern leicht nach unten sinken. Atmen Sie dann bewusst und tief ein. Lassen Sie den ganzen Oberkörper weit werden – vom Bauch bis hoch in die Schultern. Nehmen Sie wahr, wie sich Ihr Körper ausdehnt.

Atemübungen für zwischendurch

Atemübungen sind sehr erholsam, beruhigend und vitalisierend. Es lohnt sich, Pausen auch dafür zu nutzen – und auf jeden Fall nach besonderen Anstrengungen und am Ende des Arbeitstages ein paar Atemübungen einzulegen.

- Konzentrieren Sie sich auf das Ausatmen. Sie können dabei zählen („eins" = aus, „zwei" = ein).
- Lassen Sie den Atem immer länger werden. Atmen Sie auf fünf, sechs, sieben oder acht Zählzeiten ein und aus.
- Konzentrieren Sie sich auf Ihre Atmung und Ihren Körper. Lenken Sie Ihre Aufmerksamkeit beim Einatmen auf den höchsten Punkt am Kopf, beim Ausatmen auf den Nabel, dann beim Einatmen auf die Fußsohlen, beim Ausatmen auf den Nabel usw.

Tipp

Besonders beruhigend wirkt es, wenn Sie länger aus- als einatmen. Eine gute Technik ist die „Strohhalm-Atmung": Atmen Sie durch die Nase ein und durch den leicht geöffneten Mund langsam und kontrolliert wieder aus. Bei Atemübungen sollten Sie nie aus der Puste geraten!

23. Die Kraft der Rituale

Ordnung und Struktur in den Alltag zu bringen entlastet und ist eine gute Vorbeugung gegen Stress. Konsequent durchgeführte Rituale können bei der Entspannung helfen und Orientierung geben.

Rituale geben Halt und schaffen Fixpunkte im Arbeitsalltag. Bewusst eingesetzt können Sie damit Struktur, Ordnung und Rhythmus in den Tag bringen, Übergänge klar markieren, den Tag bewusster erleben und das Gehirn frei machen und abschalten. Rituale entfalten jedoch nur dann ihre Wirkung, wenn Sie sie bewusst und regelmäßig durchführen.

Strukturieren Sie Ihren Tag

Schaffen Sie sich Ihre persönlichen Rituale, um Struktur in den Tag zu bringen und die Abwechslung bewusst zu erleben, die es in jedem Job gibt. Sie können zum Beispiel

- den Arbeitstag immer mit einer bestimmten Start-Handlung beginnen (etwa die Fenster öffnen, den PC anmachen, die Post holen und die Kollegen begrüßen);
- ein paar Mal tief durchatmen und die letzte Tätigkeit innerlich abschließen („Das habe ich erledigt!") oder bewusst auf Ihrer To-Do-Liste abhaken, bevor Sie eine Pause machen oder zur nächsten Aufgabe übergehen;
- vor dem Essen einen klaren Schnitt machen (zum Beispiel ein paar Schritte gehen), um die Essenspause klar von der Arbeit abzugrenzen und als echten Freiraum zu erleben;
- Tätigkeiten wie Händewaschen und Teetrinken nicht automatisch und geistesabwesend erledigen, sondern bewusst als Abschluss der Pause und als Beginn der nächsten Arbeitsphase interpretieren;

- den Tag immer mit derselben „Feierabend-Tätigkeit" abschließen (etwa den Schreibtisch aufräumen, einen Rundgang machen und alle Fenster schließen oder sich von Chef und Kollegen verabschieden).

Setzen Sie Akzente

Rituale eignen sich auch sehr gut dafür, sowohl mit angenehmen als auch mit unangenehmen Erlebnissen besser umzugehen, sie bewusster zu erleben beziehungsweise leichter zu verdauen.

- Loben und belohnen Sie sich: Anstatt einfach stillschweigend zur nächsten Aufgabe überzugehen, wenn Ihnen etwas besonders gelungen ist, halten Sie kurz inne: Sie können sich genüsslich zurücklehnen, sich selbst auf die Schulter klopfen und sich bewusst freuen oder sich etwas Schönes gönnen (Ihre Lieblingspraline, eine Tasse Kaffee). Wählen Sie etwas aus, was für Sie passt.
- Ziehen Sie einen Schlussstrich unter Stressiges: Um unangenehme Dinge leichter hinter sich zu lassen, hilft Folgendes: Legen Sie sich ein spezielles Heft zurecht und schreiben Sie am Ende des Tages auf, was Sie belastet oder geärgert hat. Klappen Sie das Heft bewusst und mit der inneren Absicht zu, dass die Sache damit für Sie erledigt ist.

Tipp

Vermeiden Sie es, den ganzen Tag ohne wirklich erholsame Pause durchzupowern und eine Tätigkeit an die andere zu reihen. Das ist nicht nur anstrengend, sondern führt auch zu dem zermürbenden Gefühl, pausenlos zu arbeiten und sich im sprichwörtlichen Hamsterrad zu drehen. Rituale eignen sich sehr gut, um eine Sache bewusst abzuschließen und eine neue bewusst zu beginnen – auch wenn Sie sehr wenig Zeit haben.

24. Glücksgriff Massage

Berührungen und Massagen sind einfache und wirksame Mittel, um Spannungen zu lösen und Körper wie Seele zu regenerieren und zu vitalisieren.

Massagen für den Job ...

Für eine Zwischendurch-Massage brauchen Sie nicht unbedingt jemand anderen. Sie können sich auch selbst verwöhnen.

- Massieren Sie den Nacken. Legen Sie die Zeige- und Mittelfinger-Spitzen beider Hände in die Nackenmulde direkt unter den Haaransatz, und zwar seitlich von der Wirbelsäule, sodass die Halswirbel sich zwischen Ihren Fingern befinden. Machen Sie sanfte Kreisbewegungen neben den Wirbeln, verstärken Sie den Druck leicht – es sollte immer angenehm sein! – und kreisen Sie auch in die Gegenrichtung. Wandern Sie langsam nach unten und massieren Sie so weit wie möglich an der Wirbelsäule entlang. Streichen Sie zum Abschluss Hals und Nacken von oben nach unten aus.
- Aktivieren Sie Ihre Handreflexzonen. Lockern Sie Ihre Hände und reiben Sie sie, damit sie warm und beweglich werden. Massieren Sie den oberen Teil der Handinnenfläche mit sanften, kreisenden Bewegungen, solange Sie möchten. Drücken Sie dann vorsichtig für etwa eine Minute den Punkt zwischen Mittel- und Ringfinger auf der Handfläche (etwa zwei Zentimeter unter dem Fingeransatz). So beruhigen Sie Atmung und Kreislauf und aktivieren das Sonnengeflecht, das eine Schlüsselrolle für innere Ruhe und Harmonie spielt.
- Klopfen Sie Ihre Arme ab. Klopfen Sie mit der linken Handfläche die Außenseite und dann die Innenseite des rechten Armes: von den Fingerspitzen zur Schulter und zurück.

Dann mit der anderen Hand. Das regt die Durchblutung an und vitalisiert.

- Massieren Sie Gesicht und Kopf. Kreisen Sie mit den Fingerspitzen über Schläfen und Stirn. Streichen Sie mit den Handflächen das ganze Gesicht aus: von innen nach außen. Massieren Sie die Kopfhaut und ziehen Sie leicht an den Haaren.

Denken Sie daran

Je besser Sie sich auf die Berührungen einlassen können, umso stärker und schneller wirken sie. Um in die richtige Stimmung zu kommen hilft es, wenn Sie sich vorher auf den Körperteil konzentrieren, den Sie gleich behandeln wollen.

... und für den Feierabend

Eine Selbst-Massage nach getaner Arbeit ist Balsam für Körper und Geist. Versuchen Sie es mal mit einer

- Nassmassage: Verwöhnen Sie sich unter der Dusche mit einer weichen Bürste: Streichen Sie Ihre Beine und Arme von oben nach unten aus. Massieren Sie Bauch und Brust mit leichten Kreisbewegungen.
- Ohrenmassage: Nehmen Sie die Ohrläppchen zwischen Daumen und Zeigefinger und kneten Sie sie intensiv und genüsslich. Das aktiviert den ganzen Körper, weil sich auf den Ohren sehr viele Reflexpunkte befinden.

Tipp

Gönnen Sie sich nach besonderen Anstrengungen eine professionelle Massage. Sie können aus einem breiten Angebot – von klassischer Massage bis hin zu hawaiianischen Energiemassagen – auswählen.

25. Meditation und Yoga

Zwei bewährte Wege, um die Gedanken zu beruhigen, Körper und Geist in Einklang zu bringen und Kraft zu tanken, sind Meditation und Yoga.

Meditation

Meditation ist eine jahrtausendealte Methode, um sich spirituell zu versenken – und sich körperlich wie geistig gesund zu erhalten. Es gibt verschiedene meditative Techniken, die alle zum Ziel haben, das Bewusstsein zur Ruhe kommen zu lassen und inneren Frieden zu finden. Kernstück der Meditation ist, durch bewusstes Atmen und Lenken der Aufmerksamkeit in eine „Beobachterposition" zu kommen, sprich die eigenen Gedanken und Gefühle wahrzunehmen und loszulassen. Neben rein mentalen Techniken (zum Beispiel Mantras sagen, den Atem wahrnehmen) gibt es körperbezogene Wege, die wohl für die meisten leichter zu lernen und zu praktizieren sind. Probieren Sie doch einfach mal die folgende Übung, bis Sie ruhiger und entspannter werden.

Übung

Sitzen Sie aufrecht und richten Sie die Aufmerksamkeit auf Ihren Körper. Atmen Sie langsam und bewusst ein und sagen Sie sich: „Ich atme ein und fühle meinen ganzen Körper." Atmen Sie langsam aus und sagen Sie sich: „Ich atme aus und entspanne meinen ganzen Körper." Wenn Gedanken kommen: Nehmen Sie sie zur Kenntnis und wenden Sie sich dann wieder Ihrem Körper zu.

Yoga

Yoga ist eine sehr alte Lehre, um besser durch das Leben zu gehen und Einheit mit dem kosmischen Bewusstsein zu erlangen. Es beinhaltet sehr viel Wissen darüber, wie sich die Gemütszustände auf den Körper auswirken und wie Sie durch spezielle Körperhaltungen, Atmung und Zentrierung die Psyche positiv beeinflussen können. Das körperorientierte Hatha-Yoga ist die bei uns bekannteste Yoga-Richtung. Eines der wichtigsten Ziele der Yoga-Haltungen ist es, die Gedanken zu beruhigen und Körper und Geist in Einklang zu bringen.

Für den Arbeitsalltag sind viele Yoga-Positionen zu kompliziert. Aber abgewandelte Formen (etwa nur die Armposition) sind sehr hilfreich und (fast) überall einsetzbar.

Um die Nerven zu stärken und die ganze Wirbelsäule zu dehnen, können Sie folgende Seitendehnung ausführen (im Sitzen auf einem Stuhl): Legen Sie beide Hände neben sich auf die Sitzfläche. Atmen Sie ein und heben Sie dabei den rechten Arm, strecken Sie ihn kräftig nach oben in Richtung Decke und ziehen Sie ihn dann nach links über den Kopf: Dehnen Sie die Flanke und machen Sie sich lang! Atmen Sie aus und senken Sie den Arm wieder auf den Stuhl. Wiederholen Sie die Übung ein paar Mal und machen Sie dann mit dem anderen Arm weiter. Konzentrieren Sie sich auf Ihren Körper und genießen Sie den Einklang von Atmung und Bewegung.

Gut zu wissen

Meditation und Yoga entfalten ihre heilsame Wirkung auf Psyche und Körper nur, wenn sie richtig und regelmäßig ausgeführt werden. Es ist wichtig, von einem professionellen Lehrer eingeführt zu werden und möglichst täglich zu üben. So schaffen Sie eine gute Basis dafür, auch im Alltag eine gesunde Distanz zu wahren.

26. Vollkommen entspannt

Sie können sich entspannen und körperlich wie geistig zur Ruhe zu kommen, indem Sie Ihre Gedanken gezielt zur Lockerung der Muskulatur einsetzen.

Autogenes Training (AT)

Diese autosuggestive Technik, um erhöhte Muskelspannung abzubauen und den Organismus zu beruhigen, eignet sich am besten für Leute, die sich gut auf sich selbst konzentrieren können. AT können Sie im Liegen oder im Sitzen („Kutscherhaltung“: aufrecht sitzen und Kopf locker nach vorne, beide Füße am Boden, Hände locker auf den Oberschenkeln) durchführen. Schließen Sie die Augen, atmen Sie ein paar Mal tief durch und konzentrieren Sie sich. Dann richten Sie die Aufmerksamkeit nacheinander auf verschiedene Körperteile beziehungsweise -funktionen und suggerieren dem Körper Ruhe-Formeln. Zum Beispiel: „Mein rechter Arm ist warm.“ Oder: „Mein Atem geht ruhig und gleichmäßig.“

Übung

Atmen Sie langsam und regelmäßig, konzentrieren Sie sich auf Ihren Körper und sagen Sie im Geiste immer wieder: „Ich bin ganz ruhig und gelassen.“ Achten Sie darauf, wie Ihre Muskeln langsam loslassen und sich allmählich Ruhe und Entspannung einstellen.

Progressive Muskelentspannung (PME)

PME ist für die meisten leichter und schneller zu erlernen als AT, weil man aktiv und willentlich etwas tut – und zudem den Unterschied zwischen Anspannung und Entspannung unmittelbar fühlt. Alle Muskeln (Arme, Gesicht, Hals und Nacken, Rücken, Bauch, Beine und Füße) werden in einer bestimmten Reihenfolge:

1. intensiv angespannt (circa 10 Sekunden),
2. in Spannung gehalten (circa 7 Sekunden),
3. bewusst losgelassen und entspannt (20 bis 30 Sekunden).

Probieren Sie es aus: Ballen Sie die Hände langsam zu Fäusten und spannen Sie die Arme an. Halten Sie die Spannung und atmen Sie ruhig und gleichmäßig weiter. Fühlen Sie die Anspannung und lassen Sie dann langsam los. Je intensiver Sie die drei Phasen erleben, umso stärker ist der Effekt.

Reise durch den Körper

Auch bei dieser Technik wandern Sie mit der Aufmerksamkeit durch den Körper und konzentrieren sich nacheinander auf einzelne Körperteile. Zum Beispiel: auf den rechten Fuß, rechten Unterschenkel, ..., das Gesicht und zum Schluss auf den ganzen Körper gleichzeitig. Achten Sie darauf, wie entspannt oder angespannt sich die einzelnen Bereiche anfühlen – und nehmen Sie es einfach nur zur Kenntnis. Alleine durch diese Aufmerksamkeit fühlen Sie sich entspannter.
Versuchen Sie die folgende Kurzversion: Richten Sie Ihre Konzentration auf besonders spannungsanfällige Körperteile und lassen Sie sie für ein paar Minuten dort.

Gut zu wissen

Je geübter Sie sind, umso schneller und intensiver können Sie sich entspannen – vor dem Einschlafen, aber auch zwischendurch. Dann genügen wenige Minuten, um sich vollständig zu erholen und Energie zu tanken. Außerdem werden Sie sensibler für Ihren Körper und merken unbewusste Anspannungen sofort.

27. Mudras und Visualisierungen

Konzentriert zum Ziel: Fingerübungen und die Vorstellungskraft sind gute Werkzeuge, um in Balance zu kommen und neue Kraft zu schöpfen.

Hand-Mudras

Hand-Mudras sind Stellungen der Finger, durch die Sie Körper und Geist gezielt beeinflussen können: über die Reflexzonen der Hände und durch die Anregung des Energieflusses. Sie eignen sich gut für den Alltag, da Sie sie (fast) überall und jederzeit einsetzen können. Zur Ausführung: Setzen Sie sich aufrecht hin, mit beiden Füßen fest am Boden, und lassen Sie Hände und Körper möglichst locker. Dann bringen Sie die Finger in die entsprechende Position, drücken die Fingerspitzen leicht aneinander und atmen ruhig, langsam und fließend.

1) „Ksepana-Mudra“ zum Abbau negativer Energie: Legen Sie die Zeigefinger aneinander, kreuzen Sie die Daumen und verschränken Sie die anderen Finger ineinander – mit einem kleinen Hohlraum zwischen den Handflächen. Legen Sie die Unterarme locker auf die Oberschenkel und richten Sie die Hände nach unten, sodass die Zeigefinger zum Boden zeigen. Halten Sie die Mudra sieben bis höchstens fünfzehn Atemzüge lang und konzentrieren Sie sich auf das Ausatmen. Lassen Sie die Hände zum Abschluss auf den Oberschenkeln liegen – mit den Handflächen nach oben.

Diese Mudra regt die Ausscheidung auf körperlicher und energetischer Ebene an, lässt negative Energien abfließen und löst Verspannungen auf.

2) „Hakini-Mudra“ für eine bessere Konzentration: Legen Sie die Fingerspitzen beider Hände aneinander, also Daumen auf Daumen, Zeigefinger auf Zeigefinger ... Sie können die-

se Mudra jederzeit und so lange Sie möchten praktizieren. Diese Fingerstellung integriert die beiden Gehirnhälften, verbessert die Atmung und steigert die Konzentrations- und Gedächtnisfähigkeit sowie die Kreativität.

Tipp

Um sich besser konzentrieren zu können und weniger von Ihren Gedanken ablenken zu lassen, richten Sie Ihre Aufmerksamkeit am besten auf Ihre Finger. Spüren Sie bewusst und intensiv, wie sie sich berühren. Sie können auch beim Einatmen den Druck etwas verstärken und beim Ausatmen locker lassen.

Visualisierungen

Auch Ihre Vorstellungskraft können Sie nutzen, um Körper und Stimmung positiv zu beeinflussen. Schließen Sie die Augen und atmen Sie ein paar Mal tief ein und aus, um die Konzentration nach innen zu bringen. Dann können Sie

- sich vorstellen, an einem angenehmen Ort zu sein, wo Sie sich sehr wohl, ruhig und entspannt fühlen;
- ein positives Erlebnis vor Ihrem geistigen Auge Revue passieren lassen und es mit vielen Details wieder erleben;
- sich vorstellen, dass warmes Wasser über Ihren Rücken fließt und Ihr Körper ganz weich und warm wird.

Denken Sie daran

Wenn Gedanken „dazwischenfunken“: Nehmen Sie sie einfach nur wahr. Sagen Sie sich „Aha, jetzt denke ich daran, dass ...“, und kehren Sie mit Ihrer Aufmerksamkeit wieder zu Ihrem inneren Erleben zurück. Je öfter Sie üben, umso leichter und besser können Sie sich konzentrieren.

28. Da ist Musik drin!

Melodien, Rhythmen und Klänge beeinflussen unser seelisches und körperliches Wohlbefinden. Aktives Musizieren ist zudem regelrechtes Gehirnjogging.

Stimmungsmacher

Musik wird ein breites Spektrum an Vorteilen zugeschrieben. Neben einer ausgleichenden Wirkung und dem Abbau von Stress gehören dazu:

- verstärkte Sauerstoffaufnahmefähigkeit,
- Senken des Blutdruckes,
- verbesserte Gehirndurchblutung,
- Abbau von Frust/Aggression,
- Motivation,
- Entspannung.

Bestimmt haben Sie den Einfluss von Musik schon einmal gespürt: Etwa, wenn ein Gute-Laune-Lied die Hüften schwingen lässt oder Sie sich in den Herzschmerz so richtig hineinsteigern, indem Sie die traurigsten Balladen auflegen.

Hören Sie Musik!

Bereits der Start in den Tag kann sehr viel leichter fallen, wenn Sie Ihre Lieblingsmusik aufdrehen. Können Sie im Büro Musik hören? Dann tun Sie das gezielt. Es geht aber nicht um Nebenbei-Dauerberieselung. Diese kann sogar kontraproduktiv sein! Achten Sie bewusst darauf, wann Musik Ihnen nützt, manchmal kann sie auch die Konzentration rauben!
Probieren Sie hin und wieder Neues aus: Lassen Sie sich durch Mozart den Job „ent-stressen", mit Hip-Hop beim Sport aufputschen oder schwingen Sie zu lauter Swing-Musik den Putzlappen. Klassische und Instrumental-Musik eignen sich gut zum Entspannen.

Tanzen Sie sich fit

Legen Sie doch mal wieder eine flotte Sohle aufs Parkett! Tanzen ist in vielerlei Hinsicht ein toller „Stressbuster“: Sie werden ausgeglichen(er), unternehmen mehr miteinander und lernen neue Leute kennen, schulen Ihre Koordinationsfähigkeit und Haltung, steigern Ihr Selbstbewusstsein, weil Sie gut und sicher tanzen können, und bringen mehr Bewegung ins Leben (ohne richtig Sport machen zu müssen).
Aber natürlich macht es auch Spaß und entspannt, wenn Sie sich einfach für sich auspowern. Dazu müssen Sie nicht die ganze Nacht in einem Club durchfeiern: Drehen Sie doch mal zu Hause fetzige Musik auf und tanzen Sie dann ungehemmt durchs Zimmer.

Machen Sie selbst Musik

Spielen Sie ein Instrument? Wunderbar! Laut entsprechenden Forschungen kann Musizieren nicht nur die Intelligenz und Konzentrationsfähigkeit fördern, sondern wirkt sich auch positiv auf Kreativität und soziale Kompetenz aus.
Doch auch, wenn Sie kein Musikinstrument beherrschen möchten, macht es Spaß und entspannt, sich mal auszuprobieren. Wie wäre es zum Beispiel mit einem Trommel-Wochenende bei der Volkshochschule?
Auch summen, pfeifen oder singen nützt! Durch Singen und die zugehörigen Atemübungen bilden Sie auch Ihre Stimme aktiv aus, was Ihnen zu mehr Präsenz im Job verhilft. Trauen Sie sich zum Gesangsunterricht oder in entsprechende Kurse, gerade wenn Sie bislang glaubten, „nicht singen zu können“.

Denken Sie daran

Äußert sich Ihr Stress schon in Beschwerden wie Schlafstörungen, Depressionen und Co., dann informieren Sie sich auch in Richtung Musiktherapie.

29. Kleine Helfer gegen Stress

Es gibt eine Reihe von nützlichen und angenehmen Dingen, die Ihnen helfen, körperlich wie emotional zu entspannen und Ihre Balance wiederzufinden.

Stresshelfer für den Job ...

Legen Sie sich am Arbeitsplatz ein paar Hilfsmittel zurecht, um Stressphasen besser überstehen und sich schnell wieder erholen zu können. Wählen Sie aus, welcher dieser kleinen Helfer am besten zu Ihnen passt.

- Antistressball: Diese kleinen weichen Bälle gibt es in unterschiedlichen Größen und Farben. Sie können sie entweder drücken, kneten und quetschen oder (im Einzelbüro) auf den Boden „donnern" beziehungsweise gegen die Wand werfen – um körperliche Spannungen abzubauen und sich zu erleichtern.
- Smileys (etwa als Aufkleber oder Ball): Diese Lachgesichter können tatsächlich zu guter Laune inspirieren. Platzieren Sie eines auf dem Schreibtisch oder holen Sie es bei Bedarf aus der Schublade. Schauen Sie Ihren Smiley bewusst an, wenn Sie ein unangenehmes Telefongespräch führen oder unter Zeitdruck sind. Lassen Sie sich zu einem Lächeln verleiten und machen Sie ein freundliches Gesicht. So verhindern Sie, dass Sie in eine negative Stressspirale gezogen werden.
- Massageroller unter dem Schreibtisch: Auch das können Sie unbemerkt und nebenbei machen, um sich zu beruhigen und die Stimmung zu heben: Ihre Füße auf einem Massageroller unter dem Schreibtisch vor- und zurückrollen und so – über die Fußreflexzonen – positiv auf den ganzen Körper einwirken.

Tipp

Nutzen Sie gezielt die Kraft der Farben. Besorgen Sie sich schöne Postkarten, auf denen eine bestimmte Farbe dominiert. Die verschiedenen Farbtöne haben unterschiedliche Wirkungen, so hebt Gelb zum Beispiel die Stimmung und regt die Gehirntätigkeit an. Grün wirkt harmonisierend und regenerierend auf Körper und Geist. Orange ist gut für die Laune und bringt Leichtigkeit.

... und für Zuhause

Verwöhnen Sie sich nach einem anstrengenden Tag, um alle Stress-Spuren zu beseitigen und neue Kraft zu tanken. Kleine, aber effiziente Helfer dabei sind

- Duftessenzen (ätherische Öle, Räucherstäbchen, Raumspray): Düfte haben spezifische Wirkungen, die Sie gezielt nutzen können: Lavendel wirkt beruhigend und harmonisierend, Zitrone regt die Gehirntätigkeit an.
- Fußbäder: Ein warmes Fußbad entspannt, beruhigt und wärmt den ganzen Körper. Eine Viertelstunde genügt, um sich zu erholen – am besten bei entspannender Musik.
- Wärme-Behandlungen für die gestressten Schultern: Hüllen Sie eine Wärmflasche in ein weiches Tuch und legen Sie sie auf Ihren Schulterbereich. Genießen Sie die Wärme und fühlen Sie, wie Ihre Muskulatur warm und locker wird.

Denken Sie daran

Gönnen Sie sich nur ab und zu Schokolade! Sonst tun Sie sich langfristig nichts Gutes: weil Süßes den Körper übersäuert und auf die Rippen schlägt – also eine andere Art von Stress auslöst.

30. Weg mit den Stapeln!

Unerledigtes raubt Energie. Nicht nur, weil Sie vor Augen haben, was noch alles an Arbeit ansteht, sondern auch, weil Chaos ein Zeichen von „Ich-hab-es-nicht-im-Griff" ist.

Analysieren Sie die Lage

„Keine Zeit" darf niemals die Ausrede dafür sein, die Organisation schleifen zu lassen. Übersicht und eine neue, sinnvolle Struktur erleichtern das Leben – und sparen künftig Zeit. Verschaffen Sie sich einen ersten Überblick: Woraus bestehen die Stapel (ungelesene Zeitschriften, alte Post, unerledigte Ablage ...)?
Beäugen Sie dann kritisch Schreibtisch, Schränke und Regale: Wie praktisch ist Ihre Struktur? Wo gibt es Optimierungsbedarf in punkto Aufbewahrung und Ordnung?

Tipp

Vergessen Sie Ihren PC nicht: Dieser ist oft ein Friedhof für alte Dateien. Welche davon können gelöscht werden, welche sollten lieber auf Datenträger sicherheitskopiert werden?

Hau-Ruck-Aktion für Altlasten

Um den Stapeln den Garaus zu machen, gibt es zwei Varianten: die Kleine-Schritte-Taktik oder den Gewaltakt. Empfehlenswert ist Letzterer. Da lohnt es sich sogar, einen Samstag zu opfern – Sie profitieren doppelt und dreifach davon! Legen Sie fetzige Musik auf. Nehmen Sie sich dann den ersten Stapel vor und gehen Sie ihn Stück für Stück durch:

- Was weg kann, sofort in den Müll! Seien Sie beim Wegwerfen großzügig. Vieles brauchen Sie nicht mehr, Informationen lassen sich bei Bedarf neu beschaffen. Dazu gehören auch alte Zeitschriften: Die Themen kommen wieder.
- Sortieren Sie alle Dokumente, die Sie aufbewahren wollen, thematisch vor: Machen Sie zunächst provisorische Stapel, die Ihrer vorhandenen Ablagestruktur entsprechen beziehungsweise Ihrer Praxiserfahrung nach sinnvoll sind (zum Beispiel Kundenkorrespondenz, Ideen und Rechnungen).
- Haben Sie alles durchgesehen und großzügig Altpapier produziert? Dann machen Sie sich nun Gedanken über eine sinnvolle neue Struktur – erst danach kommt alles an seinen neuen Platz.

Die neue Ordnung

Stellen Sie für Ihre neue Struktur ruhig alles in Frage! Haben Sie bislang alles in Ordnern sortiert? Vielleicht sind Hängemappen praktischer. Haben Sie zu wenig Ablagekästen? Ist es sinnvoll, das Mobiliar umzustellen? – Besorgen Sie sich entsprechendes Zubehör. Wenn es im Rahmen bleibt, geben Sie ruhig ein paar Euro aus eigener Tasche dafür aus (selbst Angeschafftes können Sie auch wieder mitnehmen).

Beschränken Sie sich auf einige wenige Ordnungsmittel. Übertriebene Ordnung führt nicht nur dazu, dass Sie die Dinge aus den Augen verlieren, sondern sie ist auch sehr zeitaufwändig und für Kollegen kaum durchschaubar (und auch Sie werden mal krank oder gehen in den Urlaub).

Denken Sie daran

Geschafft? Super! – Gewöhnen Sie sich an, die Dinge ab jetzt gleich an ihren Platz zu legen. Dadurch bewahren Sie sich nicht nur Ihre neue Ordnung, sondern glänzen auch bei anderen, weil Sie alles so gut unter Kontrolle haben.

31. Gut organisiert

Eine gute Selbstorganisation ist eine sehr gefragte Fähigkeit im Berufsleben. Hierbei geht es nicht nur um Ordnung, sondern auch um einen ökonomischen Berufsalltag.

Strukturiert und clever

Basis einer guten Selbstorganisation ist ein organisierter Arbeitsplatz (→ 30. Weg mit den Stapeln!). Denn nur so haben Sie immer alles im Griff und signalisieren dies auch anderen. Dann nehmen Sie Ihren Arbeitsalltag unter die Lupe, um herauszufinden, ob alles in Ordnung ist oder Sie sich besser organisieren müssen:

- Was machen Sie wann? Gibt es einen besseren Zeitpunkt?
- Welche wiederkehrenden Tätigkeiten gibt es und wie routiniert und schnell erledigen Sie diese?
- Wie konsequent ziehen Sie Aufgaben durch?
- Wie gut sind Sie im Setzen und Einhalten von Prioritäten?

Denken Sie daran

Alles, was Priorität hat, muss gleich bearbeitet werden. Und mit „Priorität" sind natürlich dringende Terminsachen gemeint, aber auch die häufig geschmähte Ablage, denn nur wenn diese auf dem neuesten Stand ist, können Sie auch effizient damit arbeiten.

Arbeiten nach dem Lustprinzip

Oft läuft die Arbeit nicht sehr strukturiert ab: „Ach, ich müsste eigentlich jetzt diese drei Rückrufe machen, aber viel lieber erledige ich erst mal die Ablage von letzter Woche." Oder: „Oh, das eine Projekt ist wichtig, aber ich weiß nicht

recht, wo ich anfangen soll, also mach ich mal lieber erst die Post auf." Sabotieren Sie sich nicht selbst!
Nach dem Lustprinzip zu arbeiten ist eigentlich gar nicht so schlecht: Denn das, was Sie gerne machen, ist natürlich auch schnell weggearbeitet.
Es gibt aber zwei Einschränkungen: Zum einen besteht der Berufsalltag auch aus Dingen, die Sie weniger gerne tun. Und die ständig aufzuschieben funktioniert auf Dauer nicht. Und zum anderen können Sie nur mit einer guten Planung, die Ihnen auch gewisse zeitliche Freiräume lässt, nach Ihrem persönlichen Lustprinzip arbeiten. Richtige Planung hängt aber mit Disziplin zusammen. Wer schlecht plant und alles auf den letzten Drücker erledigen muss, der hat kaum Freiheiten, auch einmal etwas zu verschieben.

Kontinuierlicher Verbesserungsprozess

Eine gute Organisation steht nicht still. Überprüfen Sie Ihre Arbeit kontinuierlich. Fragen Sie sich: Wie kann ich etwas verbessern? Wo sollte ich etwas dazulernen? Welcher meiner Kollegen hat wichtiges Wissen oder Tipps für mich?
Das bezieht sich auf alle Facetten Ihres Arbeitsalltages:

- die Selbstorganisation,
- technisches Wissen,
- Kommunikationsfähigkeiten,
- Ideenfindung und Erstellen von Konzepten,
- Formulieren von Briefen & Co.

Tipp

Gerade bei der PC-Arbeit hakt es oft mit der Organisation: Makros, Textbausteine, Vorlagen oder Serienbrief werden nicht erschöpfend ausgenutzt. Holen Sie sich Tricks aus dem Internet oder kaufen Sie sich ein Buch zum Thema und feilen Sie an diesen Dingen!

32. Alles zu seiner Zeit

Zeitmanagement-Systeme oder -Kurse können hilfreich sein. Ausschlaggebend für den Erfolg sind jedoch eine realistische Planung und konsequente Umsetzung.

Wo bleibt die Zeit?

Führen Sie eine Woche Protokoll, wofür Sie wie viel Zeit aufwenden. So sehen Sie, wo Sie Zeit vergeuden.
Gutes Zeitmanagement bedeutet nicht, noch mehr in noch weniger Zeit zu erledigen, sondern ökonomisch mit seiner Zeit umzugehen. Wenn Sie die Pausen durcharbeiten oder bis um 21 Uhr am Schreibtisch sitzen, schaffen Sie nicht mehr, sondern arbeiten uneffektiv – denn Konzentration und Leistungsfähigkeit leiden und Sie brauchen länger.

Tipp

Identifizieren Sie Zeitdiebe: Unterbrechungen, ewiges Hinterher-Telefonieren (etwa wegen nicht aussagekräftiger Nachrichten), fehlendes Wissen oder mangelnde Fähigkeiten (zum Beispiel mangelnde Beherrschung der Bürotechnik).

Zeit einteilen und gewinnen

Staus und Zeitfresser lassen sich leicht vermeiden, wenn Sie auf die unterschiedlichen Kategorien der Aufgaben achten.

- Mach's-einfach-Dinge: Stapeln Sie uninteressante Post nicht irgendwo, sondern werfen Sie sie in den Müll. Stellen Sie den Ordner zurück ins Regal. Machen Sie den letzten Handgriff, der eine Sache abschließt, immer sofort.

- Größere Aufgaben herunterbrechen: Zeitmanagement funktioniert nur, wenn Sie genau wissen, was eine Aufgabe umfasst. Sonst können Sie weder die Dauer planen noch zwischendrin Teilaspekte erledigen (→ 33. Die To-Do-Liste, die wirklich hilft).
- Unwichtig/wichtig – dringend/hat Zeit: Je enger Ihr Zeitrahmen, desto strenger die Einteilung, was wirklich sein muss. Aber bitte die richtigen Prioritäten setzen: Es gibt Leute, die schieben sogar wichtige Arzttermine immer wieder auf, weil es „gerade nicht passt".
- Lernen Sie unbedingt zu delegieren! Glauben Sie nicht, dass nur Sie alles können und richtig machen. Clever und professionell ist es, anderen zu vertrauen und zu trainieren, wie Sie richtig delegieren.

Stressfaktor Aufschieben

Wer sich immer wieder beim Verschieben von Aufgaben ertappt, bei dem sollten die Alarmglocken schrillen.
Fragen Sie sich, warum Sie etwas ewig vor sich herschieben (vielleicht haben Sie nicht genügend Informationen oder wissen nicht, wie Sie etwas anpacken sollen). Weitaus häufiger liegt übrigens eine falsche Terminierung zu Grunde: Man überlegt nicht, wann man diese Sache realistischerweise erledigen könnte, sondern schreibt sie einfach stur jeden Tag aufs Neue auf die Liste, anstatt sie sich gleich für einen festen Zeitpunkt vorzunehmen.
Prüfen Sie auch Ihre Motivation: Vielleicht haben Sie halbherzig eine Fortbildung angefangen, aber eigentlich überhaupt keine Lust, nebenbei noch zu lernen.

Gut zu wissen

Zeit gewinnen Sie nicht, indem Sie versuchen, große Zeitkontingente einzusparen. Die vielen kleinen Handgriffe am Tag machen den Unterschied.

33. Die To-Do-Liste, die wirklich hilft

Eine clevere Aufgabenliste ist nur die Grundlage: Natürlich braucht es auch den Ehrgeiz und die Disziplin, diese konsequent abzuarbeiten.

Elektronisch oder Papier?

Task-Listen im PC haben ihre Vorteile: Sie können regelmäßige Termine einmal eintragen und dann in entsprechenden Intervallen wieder erscheinen lassen, Sie können sich erinnern und Aufgaben ausdrucken lassen und den Stand der Dinge auch für Kollegen sichtbar machen. Eine simplere, bewährte Variante ist allerdings eine To-Do-Liste auf Papier:

- Besorgen Sie sich ein Klemmbrett (am besten in einer Signalfarbe: leicht aufzufinden!).
- Gestalten Sie sich ein eigenes Formular. Ideal ist eine Wochenübersicht, die Sie fortlaufend nutzen. Darum empfiehlt sich Querformat. Beispielsweise:

Montag	Dienstag	Mittwoch	laufend/künftig:
Donnerstag	Freitag	Wochenende	

- Schreiben Sie ausschließlich mit Bleistift.
- Radieren Sie erledigte Aufgaben sofort weg: Das motiviert, weil die Dinge von der Liste „verschwinden" und damit die To-Do-Liste sichtbar kleiner wird.
- Wenn Sie merken, dass Sie etwas heute nicht schaffen oder nicht machen wollen, dann schreiben Sie es sofort in den nächsten Wochentag, an dem Sie die Arbeit realistischerweise schaffen können.

- Führen Sie ständig laufende Projekte oder Ideen nicht jeden Tag an, sondern tragen Sie diese nur ein Mal ein.

Konkretisieren Sie Ihre Aufgaben!

Die größte Stolperfalle ist, viel zu große „Brocken" aufzuschreiben. Wenn Sie konkrete Einzelaspekte notieren, profitieren Sie davon in vielerlei Hinsicht:

- Sie bekommen einen Gesamtüberblick über die Aufgabe.
- Sie können realistisch terminieren.
- Es fällt Ihnen gleich auf, wenn andere Personen mit einbezogen werden müssen oder noch Informationen fehlen.
- Die Reihenfolge einzelner Tätigkeitsschritte wird klar („diese Sache muss vor der anderen passieren").
- Sie können einzelne Tätigkeitsschritte separat voneinander erledigen, an jemand anderen abgeben oder schnell mal zwischendurch erledigen.

Schreiben Sie also nicht nur etwa „Unternehmensprospekt" auf Ihre To-Do-Liste, sondern die einzelnen Unter-Aufgaben wie beispielsweise: Inhalte festlegen, Herrn X kontaktieren wegen Text-Briefing, neue Werbeagentur recherchieren ...
Im Berufsalltag können Sie so manche Dinge, die schnell gehen, gut zwischendurch erledigen und damit wertvolle Vorarbeit leisten. So machen Sie aus einer großen Aufgabe, die schlecht einschätzbar ist, viele kleine und verhindern gleichzeitig, ewig nicht anzufangen, weil „das jetzt zu viel Zeit brauchen würde".

Tipp

Für chronische Unter- und Überschätzer ist das übrigens auch ein gutes zusätzliches Trainingsprogramm: Durch das Konkretisieren schulen Sie Ihren Blick für die Komplexität der Tätigkeiten und können künftig den Zeitbedarf realistischer einschätzen.

34. Work-Life-Balance

Je ausgeglichener und vielfältiger Sie Ihr Leben insgesamt finden, umso stabiler und zufriedener sind Sie – und umso weniger lassen Sie sich stressen.

Ein „rundes" Leben

Arbeit ist natürlich ein wesentlicher Teil des Lebens – aber nicht alles. Um auf Dauer im Lot zu bleiben und zufrieden zu sein, müssen Sie den unterschiedlichen Lebensbereichen einen gebührenden Platz einräumen, nämlich Familie und Freunden, Entspannung und Ausgleich, Interessen und Hobbys.

- Familie und Freunde: Reservieren Sie sich bestimmte Zeiten, um Ihre zwischenmenschlichen Beziehungen außerhalb der Arbeit zu pflegen. Dabei kommt es nicht so sehr auf die Stundenanzahl an. Wenn Sie präsent und aufmerksam sind, ist auch ein kurzes Zusammensein für alle wertvoll.
- Entspannung und Ausgleich: Ein gesundes Gleichgewicht zwischen Anspannung und Entspannung ist sehr wichtig, um auf Dauer gesund und zufrieden zu sein. Achten Sie darauf, sich regelmäßig zu regenerieren: durch körperliche

Tipp

Nehmen Sie private Termine genauso ernst wie berufliche Verpflichtungen. Das ist eine wichtige Voraussetzung, um das Privatleben vor der Arbeit zu „schützen" und sich Freiräume tatsächlich zu nehmen. Tragen Sie auch persönliche Termine in den Kalender ein – und lassen Sie sie nur ausfallen, wenn es sich tatsächlich nicht vermeiden lässt.

Bewegung, ausreichend Schlaf und bewusste Entspannung an den Wochenenden und im Urlaub (keine Arbeit mitnehmen oder ständig erreichbar sein!).

- Interessen und Hobbys: Einen Teil der Freizeit aktiv zu gestalten – etwa ein Hobby zu pflegen oder sich weiterzubilden – trägt sehr zur Zufriedenheit bei. Wenn Sie beispielsweise Ihre Kreativität im Job nicht so richtig ausleben können: Suchen Sie sich ein entsprechendes Freizeitinteresse – das Angebot ist vielfältig.

Lassen Sie die Arbeit hinter sich

Es ist sehr wichtig, die Belastungen des Arbeitstages nicht ins Privatleben mitzunehmen. Um das Tagesgeschehen endgültig abzuhaken und Kraft zu tanken, können Sie

- den Heimweg nutzen, um Abstand zu gewinnen, zum Beispiel dynamisch gehen und tief durchatmen, in die Pedale treten und Stress abbauen oder mit dem Auto eine ruhigere Route nehmen und die Fahrt genießen;
- den Feierabend bewusst beginnen, indem Sie mit Sport, Musik hören ... eine halbe Stunde für sich bleiben;
- mit dem Partner/Freunden vereinbaren, nur zehn Minuten über die Arbeit zu reden und dann bewusst zu anderen Themen überzugehen.

Regelmäßige Relax-Einheiten auch während der Arbeit wirken sich positiv auf das Privatleben aus. Weil sie verhindern, dass sich die Belastungen im Laufe des Tages summieren – und Sie ausgelaugt und müde in den Feierabend gehen.

Denken Sie daran

Natürlich ist es vollkommen in Ordnung, wenn Sie für einen bestimmten Zeitraum sehr intensiv arbeiten und andere Interessen zurückstellen. Das sollte aber kein Dauerzustand werden.

35. Souverän mit anderen umgehen

Mehr Souveränität wünschen sich die meisten. Doch das klappt nur, wenn Sie auch wirklich gelassen sind und nicht alles gleich persönlich nehmen.

Ihre Interpretation

Wir alle interpretieren ständig – und liegen damit häufig ganz schön daneben. Je unsicherer, misstrauischer und negativer Sie sind, desto schwieriger wird das Leben: Denn dann lauern Angriffe, Intrigen und Vorwürfe an jeder Ecke. Achten Sie einmal ganz bewusst darauf, wie Sie etwas interpretieren:

- Der Chef ist sauer. Suchen Sie jetzt automatisch den Fehler bei sich?
- Die Kollegin erkundigt sich, wie weit Aufgabe X ist. Hören Sie einen Vorwurf, dass Sie noch nicht fertig sind?
- Der Kollege erklärt eine Sache betont ausführlich: Hält er Sie für dumm oder will er mit seinem Studium protzen?

Wenn die Nerven blank liegen, halten wir viel weniger aus. Auch hat jeder von uns wunde Punkte – zum Beispiel persönliche Defizite –, die ihn empfindlich oder gereizt reagieren lassen. Dann passiert es, dass wir Attacken vermuten, wo keine sind, oder uns verkannt fühlen.

Gut zu wissen

Grundlagen für mehr Gelassenheit sind ein gutes Selbstbewusstsein und innere Ausgeglichenheit. Darum nützt es nicht viel, lediglich Reaktionen trainieren zu wollen.

Der Kern der Sache

Der erste Schritt zu mehr Gelassenheit ist zu merken, dass Sie etwas interpretieren. Die eigene Annahme ist nicht Fakt, sondern Vermutung. Diese kann stimmen, muss aber nicht. Darum gilt erst einmal

- die Unschuldsvermutung: Wenn Sie nicht wissen, wie Ihr Gegenüber etwas meint, dann gehen Sie zunächst davon aus, dass keine böse Absicht dahinter steckt.
- mitteilen und nachfragen: Teilen Sie dem anderen mit, wie etwas bei Ihnen angekommen ist. So schaffen Sie Bewusstsein dafür, welches Verhalten fehlinterpretiert werden kann, und Sie bekommen beide die Gelegenheit, die Angelegenheit richtig zu stellen.
- auf den Kern kommen: Betrachten Sie den Vorgang unabhängig von Ihren Emotionen. So können Sie auf die Sache eingehen und lassen sich nicht durch Nebensächlichkeiten, wie eine verbale Spitze, aus der Bahn werfen.

Eine sehr gute Übung, die Sie abends zu Hause regelmäßig machen können, ist „wild zu spekulieren“: Nehmen Sie sich ein Vorkommnis dieses Tages, etwa einen bösen Blick vom Chef. Worauf bezogen Sie diese Geste vorhin? Nun lassen Sie sich so viele Gründe wie möglich dafür einfallen. Dadurch gewinnen Sie einen weiteren Horizont und legen sich nicht auf eine bestimmte Interpretationsrichtung fest. Sie können so auf Dauer in ähnlichen Situationen souveräner reagieren.

Tipp

Wenn Sie etwas oder jemand besonders ärgert oder verletzt, dann fragen Sie sich immer: Worum geht es mir hier genau? Welches Bedürfnis wird verletzt? Was wünsche ich mir? So können Sie sachlicher bleiben, wenn Sie das direkte Gespräch suchen.

36. Kommunizieren – aber richtig!

Viele Stress-Situationen entstehen durch Passivität. Andere werden verschärft, weil Sie nicht direkt und klar darüber sprechen, was Ihnen auf dem Herzen liegt.

Achtung: nonverbale Signale

Wenn Sie gestresst sind, strahlen Sie dies auch aus: Mimik und Körpersprache verändern sich. Häufig ist man sich dessen nicht mal bewusst. Noch schlimmer ist es, nichts zu sagen, aber absichtlich böse zu schauen, oder Unterlagen auf den Tisch zu knallen und so die Umwelt deutlich spüren zu lassen, dass etwas nicht stimmt. Das ist schädlich für Ihr Image, macht noch mehr Druck und vergiftet die Atmosphäre.

Tipp

Auch wenn Sie am Rotieren sind, weil ein Dutzend eiliger Aufgaben wartet, ist die Bitte des Kollegen für ihn ein Einzelfall. Machen Sie sich bewusst, dass andere nicht böse und rücksichtslos sind, sondern Ihre Überlastung oft einfach nicht erkennen.

Zu viel zu erledigen?

Sie können jede Stress-Situation sofort entkrampfen, indem Sie offen darüber sprechen: nachfragen, Lösungen anbieten und andere informieren, dass Ihnen gerade das Wasser bis zum Hals steht. Diese haben so nicht nur mehr Verständnis, wenn Sie einmal kurz angebunden sind; Sie erhöhen auch die Wahrscheinlichkeit, dass man Ihnen Unterstützung anbietet, auch wenn Sie nicht darum gebeten haben.

- Unrealistische Deadlines: Zu viele Dinge gleichzeitig oder ein zu knapp kalkulierter Termin? Informieren Sie die Beteiligten sofort darüber. Legen Sie die Fakten dar.
- Verschiedene Auftraggeber: Aufgaben von unterschiedlichen Leuten und jeder sagt, seine sei wichtiger? Wenn Sie das nicht selbst entscheiden können, sprechen Sie mit allen Beteiligten über den Terminkonflikt.

Achten Sie auf das „Wie“, denn Sie möchten weder einen jämmerlichen Eindruck machen noch den Verdacht wecken, Sie seien generell überfordert. Bringen Sie daher immer gleich einen Lösungsvorschlag ein.
Beispiel: Eine Teamassistentin ist zuständig für mehrere Sachbearbeiter und zusätzlich wegen ihres Know-hows in zwei wichtige Großprojekte involviert. Durch ständige Meetings und Projektarbeiten schafft sie das Tagesgeschäft nicht ohne ständige Überstunden.
Sie macht eine schriftliche Aufstellung aller aktuellen Aufgaben, konkretisiert die Probleme und überlegt verschiedene Lösungsvorschläge. Dann sucht sie das Gespräch mit der Chefin, schildert sachlich und klar die Situation und schlägt die aus ihrer Sicht beste Lösung vor: Da es schwierig ist, sie als Projektmitglied auszutauschen, sollen die Meetings für das eine Projekt zwei Monate ausgesetzt werden. Alternativ müsste sie teilweise im Alltagsgeschäft entlastet werden (auch dafür hat sie konkrete Vorschläge ausgearbeitet). Die Chefin folgt einem der Vorschläge und ist beeindruckt, wie die Mitarbeiterin die Situation handhabt.

Denken Sie daran

Wer ständig schimpft und jammert, den kann man gar nicht mehr ernst nehmen: Das Lamento wird zu einem Grundrauschen, das überhört wird und höchstens noch auf die Nerven geht.

37. Klartext reden

Tappen Sie auch in die Falle, Konfrontation mit Konflikt gleichzusetzen? Dann kommt hier die gute Nachricht: Jeder kann lernen, konstruktiv Klartext zu reden.

Besser offen

Es gibt wohl kaum jemanden, der sich nicht wünscht, dass man offen zu ihm ist. Denn nur so weiß jeder, um was es geht, und kann sich dazu äußern.

Dummerweise scheuen sich die meisten davor, das direkte Gespräch zu suchen: Es könnte Streit geben, der andere könnte überreagieren oder verletzt sein ... oft fallen uns so viele Horrorszenarien ein, dass wir es lieber sein lassen. Die positiven Auswirkungen eines offenen Gespräches werden leider völlig ausgeblendet.

Tipp

Reden Sie niemals um den heißen Brei herum oder machen gar allgemeine Andeutungen, in der Hoffnung, dass sich die richtige Person schon angesprochen fühlen wird.

Lob ...

Konfrontieren Sie Ihre Umwelt doch mal mit Lob. Die ideale Übung für Sie, mit anderen direkt ins Gespräch zu kommen. Und es macht sogar noch Spaß!

Werden Sie konkret: Was finden Sie ehrlich lobenswert? Nennen Sie die Dinge genau beim Namen!

So wird aus einem „Sie können gut mit Kunden umgehen“ ein „Ich finde es toll, wie persönlich und fröhlich Sie immer am Telefon sind und sich so gut an alle Kunden erinnern können“.

... und Kritik

Es wird immer wieder passieren, dass Sie etwas Unpopuläres ansprechen müssen: Eine Sache selbst kann niemals verletzend sein, das „Wie" aber schon. Wie Sie richtig kritisieren, können Sie lernen (gute Bücher dazu finden Sie im Anhang).

- Sprechen Sie niemals gegenüber Dritten schlecht über andere. Gerade wenn man das direkte Gespräch scheut, sucht man sich oft andere Gesprächspartner, um dem Ärger Luft zu machen. Es belastet die Beziehungen, weil es nicht fair ist, über Abwesende schlecht zu sprechen. Und Ihr Gesprächspartner fragt sich zwangsläufig: Was redet er/sie über mich, wenn ich nicht da bin?
  Ihre Grundeinstellung und Motivation für ein klärendes Gespräch bestimmen, wie konstruktiv es verläuft und wie gut die Angelegenheit geklärt werden kann. Wer ehrlich am anderen und an einer Lösung interessiert ist, schafft die Grundlage für ein gutes Gespräch.
- Reden Sie Klartext. Schildern Sie Ihre Sicht. Begründen Sie sie (zum Beispiel, indem Sie die Konsequenzen einer fehlerhaften Arbeit schildern oder erklären, wie ein bestimmtes Verhalten bei Ihnen ankommt und warum). Seien Sie interessiert daran, was Ihr Gesprächspartner zu sagen hat, und berücksichtigen Sie auch seine Wünsche und Bedürfnisse. Arbeiten Sie gemeinsam an einer Lösung.

Denken Sie daran

Sprechen Sie es rechtzeitig an, wenn Sie etwas stört – und nicht erst, wenn Ihnen schon die Galle hochkommt und die Beziehung gelitten hat. Erst durch dieses Gären werden Gespräche schwierig und Lösungen erscheinen unmöglich. Lassen Sie keine Ausreden gelten, sich zu drücken („wenn die Gelegenheit mal günstig ist", „das nächste Mal dann").

38. Grenzen setzen – Nein sagen

Besonders stressanfällig ist, wer nicht Nein sagen kann. Denn dann ist nicht nur Überlastung vorprogrammiert, sondern auch das Gefühl, ausgenutzt zu werden.

Tragen Sie zur Überlastung bei?

Kuchen für das Kindergartenfest backen, der Kollegin den Brief vom schwedischen Mailfreund übersetzen, dem Nachbarn bei der Bewerbung helfen und die Freundin vom Flughafen abholen – und das alles ganz nebenbei?
Hilfsbereitschaft ist eine schöne Eigenschaft. Aber niemandem ist damit gedient, wenn Sie sich heillos überfordern. Außerdem leiden Beziehungen, denn über kurz oder lang werden Sie das Gefühl haben, dass man Sie ausnutzt, auch wenn das nicht der Fall ist.

Tipp

Schreien Sie nicht immer gleich „hier", wenn eine Aufgabe im Raum steht. So müssen – oder dürfen – auch mal andere ran. Wenn jemand etwas von Ihnen möchte, sagen Sie nicht prompt „Ja". Überlegen Sie, ob Sie die Sache übernehmen können und wollen.

Eigene Bedürfnisse

Wer Grenzen setzen will, muss diese erst einmal kennen. Und dazu gehören auch die eigenen Bedürfnisse. Viele chronische Ja-Sager sind da ganz eigennützig: Sie genießen es, gebraucht zu werden, und erhoffen sich dadurch gemocht zu werden. Und das wäre auch gar nicht so verkehrt, wenn sie den Bogen nicht selbst überspannen und dem Irrtum aufsitzen würden, dass ein „Nein" Streit nach sich ziehen könnte.

- Betrachten Sie Ihre Gesamtsituation. Die Basics „Beruf" – „Freunde/Familie" – „Zeit für sich selbst" bestimmen Ihr Zeitbudget. Nur wenn Sie sich darüber einmal klar werden, können Sie chronische Überlastung vermeiden.
- Würden Sie wollen, dass ein Freund oder Kollege etwas für Sie tut, obwohl er überhaupt keine Lust dazu hat oder sogar in totale Bedrängnis gerät? Oder hätten Sie nicht lieber eine ehrliche Antwort?
- Machen Sie sich einmal schriftlich Gedanken darüber, wie Sie über Hilfsbereitschaft denken und was Sie davon erwarten (oder bei einem „Nein" befürchten). Und: Bitten Sie andere um Hilfe und können Sie diese annehmen?

Das „Wie" ist wichtig

Beruflich wie privat ist es wichtig, eine Grenze zu ziehen. Natürlich haben Sie berufliche Pflichten: Wenn etwas zu Ihrem Aufgabenbereich gehört, so können Sie nicht einfach die Arbeit verweigern.

Professionalität bedeutet jedoch auch, realistisch mit den eigenen Ressourcen umzugehen: Sprechen Sie klar an, wenn Sie überlastet sind (→ 36. Kommunizieren – aber richtig!). Bieten Sie eine Alternative an (zum Beispiel, dass Sie eine Aufgabe nicht nach Feierabend erledigen, sich aber gleich morgen drum kümmern werden).

Und trauen Sie sich auch mal, Nein zu sagen – freundlich, sachlich, wenn passend mit Begründung.

Denken Sie daran

Natürlich reden wir hier nicht von Notfällen oder Ausnahmen! Richtige Freundschaftsdienste oder Hilfe, wenn es wirklich brennt und Sie einspringen können, sollten immer möglich sein.

39. Kollegen im Griff

Stressfaktor Mensch: Zoff mit Kollegen, ewiges Nachgelaufe, uneffektive Meetings ... all das kann den Berufsalltag zur Belastung werden lassen.

Ihr Standing

Je besser Ihr Draht zu den Kollegen ist und je mehr man Sie fachlich und persönlich schätzt, desto eher bekommen Sie auch, was Sie wollen. Aber Vorsicht: Vortäuschen funktioniert nicht! Ihr Standing bei Kollegen erwerben Sie sich durch einen freundlichen und respektvollen Umgang, Kompetenz und Professionalität.
Wenn Sie Kollegen ewig nachlaufen müssen, durch unklare Angaben dreifache Arbeit haben und Ähnliches, dann sollten Sie den Blick zuerst auf Ihr eigenes Verhalten richten: Wie eindeutig sind Ihre Aussagen? Wie konsequent ist Ihr Verhalten? Wer ständig nur nachläuft, der vermittelt dadurch: „Du brauchst meine Anfragen und Termine nicht ernst nehmen, ich laufe dir dann schon hinterher."

Kollegen „erziehen"

Oft braucht es nur etwas Klartext und Konsequenz, um positive Verhaltensänderungen zu erreichen.

- Machen Sie klare Ansagen. Wenn etwas eine „Muss-Aufgabe" mit einem festen Termin ist, sollten Sie kein „könnten Sie gelegentlich", „würden Sie mal" oder „wäre schön, wenn" verwenden. Sagen Sie konkret, was Sie von der anderen Person möchten. Ein schwammiges „kümmern Sie sich darum" oder „machen Sie das bitte" führt leicht zu Missverständnissen, denn der andere erkennt nicht, was Ihnen wirklich wichtig ist.

- Treffen Sie Vereinbarungen. Holen Sie sich feste Zusagen. Nageln Sie den anderen darauf fest. Statements wie „Ich verlasse mich auf Sie" verstärken Ihre Botschaft. Haben Sie das anfangs versäumt, so ist eine Nachfrage der richtige Zeitpunkt, es nachzuholen. Statt „Ich brauche das aber" und „Machen Sie das jetzt" sollten Sie sich einen Termin nennen lassen.
- Erläutern Sie Zusammenhänge und Konsequenzen. Erklären Sie kurz, worum es geht und inwiefern Sie den Beitrag des Kollegen unbedingt brauchen. So wird deutlich, dass es sich nicht um irgendeine Fleißarbeit handelt. Auch ist vielen Leuten oft nicht klar, welche Konsequenzen eine mangelnde oder verzögerte Bearbeitung oder ein schlechter Arbeitsstil haben. Meldet sich ein Kollege beispielsweise nie ab, wenn er nicht im Büro ist, so ist das nicht nur für die Telefonzentrale ungünstig, sondern es wirkt sich auch schlecht auf das Unternehmensimage aus. Auch wenn Ihnen selbst solche Zusammenhänge völlig klar sind, so denkt nicht jeder von sich aus daran.
- Haken Sie nach. Wehret den Anfängen: Sobald der Termin abgelaufen ist, sollten Sie den Betreffenden sofort darauf ansprechen. Haken Sie nicht erst ein paar Tage später nach. Schlecht ist auch eine anonyme Anfrage per E-Mail. Sprechen Sie besser direkt beziehungsweise am Telefon mit dem Betroffenen. Damit sind die Leute eher in der Pflicht. Außerdem stärkt es die Beziehung, wenn Sie den persönlichen Kontakt pflegen.

Denken Sie daran

Verlangen Sie nicht von anderen, was Sie selbst nicht zu leisten bereit sind. Wer Kollegialität, Respekt, Hilfsbereitschaft, Fehlerfreiheit und termingerechte Arbeit fordert, der muss sich zuerst an die eigene Nase fassen.

40. Konflikt-management

Sie müssen nicht jeden mögen. Sie können es auch niemals der ganzen Welt recht machen. Dennoch ist ein respektvolles und professionelles Miteinander ein berufliches Muss!

Fronten und Antipathien?

Auch im Beruf beruhen viele Knatschereien und Antipathien auf Lappalien und Missverständnissen.
Zwei Grundsätze erleichtern Ihnen das Miteinander – und damit auch die Konfliktlösung:

1. Haben Sie einen klaren Anspruch an sich selbst. Zum Beispiel: Ich bin ein umgänglicher Mensch und will respektvoll mit anderen umgehen. Dies ist Ihre Leitlinie, die sich nicht verändert. (Vergessen Sie „Wie es in den Wald hineinruft, so schallt es eben hinaus“!)
2. Befassen Sie sich einmal intensiv mit Ihren Kollegen und Geschäftspartnern. Schreiben Sie sich auf, was Sie von Herrn Meier und Frau Huber halten. Sehen Sie dabei über den eigenen Tellerrand. Herr Meier mag zwar eine ärgerliche arrogante Ader haben, aber er ist auch sehr genau und verlässlich. Und sein Verhandlungsgeschick ist wirklich bewundernswert.

Denken Sie daran

Übernehmen Sie niemals blind die Eindrücke anderer, sondern bilden Sie sich immer eine eigene Meinung! Nur weil Kollegin X den Kollegen Y aus der Buchhaltung nicht leiden kann, sollte das nicht Ihre Haltung beeinflussen.

Lernen Sie Ihre Kollegen etwas besser kennen und achten Sie auf den ausgewogenen Blick, den Sie sich umgekehrt auch wünschen. Oder werden Sie gerne auf eine einzige Eigenschaft reduziert oder wegen eines einzigen Vorfalls auf ewig in eine Schublade gesteckt?

Hat jemand ein Problem mit Ihnen?

Manchmal liegt was in der Luft. Oder Sie bekommen von anderen den Hinweis, dass sich jemand beklagt hat oder hinter Ihrem Rücken redet. Nun verziehen Sie sich nicht ins Schneckenhaus! Suchen Sie das Gespräch unter vier Augen:

- Bereiten Sie sich auf das Gespräch vor, überlegen Sie, wo Sie Probleme vermuten, woran Sie das festmachen und was Sie gerne klären möchten.
- Starten Sie keine Angriffe, sondern schildern Sie die eigenen Eindrücke und fragen Sie nach.
- Hören Sie erst mal zu – und halten Sie nicht gleich dagegen. So kann das Gespräch sachlicher verlaufen und Sie vermitteln Ihrem Gegenüber ehrliches Interesse.

Wenn Sie Konflikte vor sich hin schwelen lassen, verhärtet das nur die Fronten. Und vor allen Dingen schaden Sie sich – und auch Ihrem Privatleben – damit, wenn Sie sich jeden Tag aufs Neue von Frust und Ärger dominieren lassen.

Tipp

„Wo Menschen sind, da menschelt's", heißt es so schön. Das bedeutet auch, dass jeder mal einen schlechten Tag hat oder dass man auch hin und wieder aneinander gerät. Vermuten Sie nicht gleich das Schlimmste und fahren Sie nicht sofort Ihre Stacheln aus. Gehen Sie offen auf den anderen zu. Das schont nicht nur Ihre Nerven, sondern stärkt auch die Beziehung.

41. Kritik als Chance

Kritisiert wird niemand gerne. Dennoch gehört es zum Leben dazu, dass man etwas falsch macht, in ein Fettnäpfchen tappt oder mit jemandem aneinander gerät.

Ihre Einstellung

Wenn Sie lernen, kritisches und negatives Feedback als etwas zu sehen, was einfach zum Leben dazugehört und wovon Sie immer auf die eine oder andere Art profitieren können, dann verlieren selbst äußerst unangenehme Szenen ihren Schrecken. Und das hilft Ihnen enorm weiter – sowohl im Arbeits- als auch im Privatleben.

Übung

Schreiben Sie sich auf: Ist Kritik für Sie das Ende der Welt? Was befürchten Sie? Wie erleben Sie so ein Gespräch? Wann können Sie Kritik gut annehmen? Wie gehen Sie mit Kritik um?

Positive Seiten

Kritik bietet immer die Möglichkeit, dazuzulernen, sich zu verbessern und weiterzuentwickeln. Sie können

- von der Sache her besser werden: Wenn Sie glauben, dass Kritik Sie voranbringt, dann wird es Ihnen leichter fallen, die Botschaft aufzunehmen und daraus zu lernen.
- Ihre emotionale und soziale Kompetenz verbessern: Oft macht es einem der andere schwer, den „konstruktiven Kern" in der Kritik wahrzunehmen, zum Beispiel durch eine ungeschickte oder beleidigende Wortwahl. Konzentrieren

Sie sich darauf, die Ruhe zu bewahren, auf Ihr Gegenüber einzugehen und sich nicht provozieren zu lassen.

- unterschwellige Konflikte klären: Gerade wenn Kritik sehr massiv oder aggressiv geäußert wird, steckt oft etwas ganz anderes dahinter. Um das, worum es eigentlich geht, aufzuspüren, müssen Sie sich auf einen Dialog einlassen.

Ihr Umgang mit Kritik

Viele Leute sagen: „Ich habe nur Probleme mit ungerechtfertigter und nicht berechtigter Kritik." – Haben Sie jemals Kritik geübt, die aus Ihrer Sicht unberechtigt war? Wohl kaum. Wenn jemand Sie kritisiert, dann ist das aus dessen Sicht sehr wohl berechtigt.

- Trennen Sie Emotionen vom Inhalt. Das ist nicht einfach, lässt sich aber durch Übung bewerkstelligen! („Auch wenn mir die Art und Weise nicht gefällt, so kann ich dem Kern der Kritik durchaus folgen.")
- Freuen Sie sich darüber, dass der andere das offene Gespräch sucht – Sie wissen jetzt, woran Sie sind, und können sich aktiv mit der Situation auseinander setzen.
- Wenn Sie nicht gut mit Kritik umgehen können und beispielsweise schnell in Tränen ausbrechen oder dazu neigen, erst mal verbal zurückzuschlagen, ist es gut, das einfach anzusprechen („Ich tue mich schwer mit Kritik.").
- Fragen Sie genau nach, worum es geht. Nur mit qualitativer Kritik können Sie etwas anfangen. Je mehr Sie vom anderen erfragen, desto weniger sind Sie auf Spekulation angewiesen (→ 35. Souverän mit anderen umgehen).

Gut zu wissen

Oft geht man mit sich selbst in einer Weise um, die man anderen total übel nehmen würde. Wenn Sie kritikfähiger werden möchten, dann ist der erste Schritt ein respektvoller Umgang mit sich selbst.

42. Nur keinen Ärger

Stress und Ärger sind ein Teufelskreis: Je gestresster Sie sich fühlen, desto schneller sind Sie genervt, und je mehr Sie sich über alles ärgern, desto stressiger wird es.

Zu sensibel?

Nehmen Sie Ihre Gefühle immer ernst. Reden Sie sich nicht ein, dass Sie etwas einfach wegstecken sollten.
Dennoch ist es wichtig, die eigenen Befindlichkeiten zu prüfen. Gefühle von Unsicherheit und Stress bewirken nämlich, dass die Antennen viel feiner reagieren. Und dann geht es so wie beim Autoalarm, der durch einen kleinen und harmlosen Windstoß aktiviert wird.
Denken Sie auch an die Erkenntnis der Hirnforschung, dass ein Hineinsteigern in Wut und Ärger keinesfalls als Ventil wirkt, sondern alles nur noch verschlimmert.

Tipp

Nutzen Sie häufig das Wort „Ärger"? Dann differenzieren Sie in künftigen Situationen: Sind Sie wirklich verärgert oder etwa genervt, wütend, enttäuscht, traurig, entrüstet, verstimmt, empört, verletzt? Loten Sie Ihre Gefühle genauer aus.

Akuter Ärger

Sie könnten gerade platzen? Hier finden Sie kleine Erste-Hilfe-Tipps für den Ernstfall.

- Atmen Sie ruhig: Schon wenige tiefe und ruhige Atemzüge in den Bauch bringen Ihren gesamten Organismus zur Ruhe, die körperlichen Ärgersymptome müssen klein beigeben. Sie beruhigen sich und erlangen schnell die Fassung wieder.

- Schaffen Sie Abstand: Je nach Situation kann Distanz gut sein! Sagen Sie Bescheid, dass Sie sich erst mal beruhigen möchten, gehen Sie kurz vor die Tür oder holen Sie sich einen Kaffee. Lassen Sie andere niemals einfach wortlos stehen! Das wäre ein Affront.
- Fassen Sie Ihren Ärger in Worte: Sagen Sie klar, was Sie stört und weswegen. Je mehr Sie sich um Sachlichkeit bemühen, desto mehr Ansehen gewinnen Sie. Außerdem merkt Ihre Umwelt, dass Sie nicht einfach alles schlucken. Wer klar sagt, worum es geht, lernt außerdem sehr viel schneller, gelassener zu sein (→ 35. Souverän mit anderen umgehen).

Größere Probleme

Geht es um ein ständiges Ärgernis oder einen Konflikt (→ 40. Konfliktmanagement), dann sollten Sie sich Zeit nehmen und sich schriftlich damit auseinander setzen:

- Was ärgert mich genau? (Etwa: Ich fühle mich nicht ernst genommen.)
- Woran mache ich das fest?
- Wann würde ich mich ernst genommen fühlen?
- Wie schätze ich mein eigenes Verhalten ein? Wo bin ich unsicher? Was sollte, möchte ich gerne verändern?

Dann können Sie Ihr Problem aktiv angehen und Sie lenken zudem die Emotion „Ärger" in sinnvolle Bahnen. Denn ständige Anspannung und Wut auf andere bringen gar nichts – außer gesundheitliche und zwischenmenschliche Probleme.

Gut zu wissen

Anspannung löst sich auch schnell durch Bewegung: Auf dem Stressball rumkneten, einmal im Treppenhaus rauf- und runterlaufen oder eine Runde Schattenboxen kann Wunder wirken.

43. Raus aus der Stressmühle

1. Nehmen Sie sich Zeit

Gerade in stressigen Phasen ist es wichtig, sich Auszeiten zu nehmen. „Keine Zeit" oder „Es geht einfach nicht" gibt es nicht. Es geht auch nicht um Quantität, sondern um Qualität. Schaffen Sie sich bewusste Pausen und nutzen Sie diese zur Regeneration. Führen Sie außerdem in einer ruhigen Stunde eine Bestandsaufnahme durch.

2. Kümmern Sie sich um sich selbst

Wer schon länger in der Stressmühle sitzt, ist meist in keiner guten Verfassung und kämpft mit den Folgen: dünne Nerven, eine angeschlagene Gesundheit, oft auch mangelndes Selbstbewusstsein.

„Aufpäppeln" steht nun ganz oben auf Ihrer Liste. Dazu gehören die Basis-Punkte Ernährung, Schlaf und Bewegung (→ 4. Ein gesundes Leben und → 13. Bleiben Sie in Bewegung). Denn wer Entscheidungen treffen und positive Veränderungen einleiten will, braucht Kraft und Standhaftigkeit.

3. Machen Sie eine Bestandsaufnahme

Doktern Sie nicht an einzelnen Stressquellen herum, sondern machen Sie eine grundsätzliche schriftliche Analyse: Wie sieht mein Leben aus?

- privat
- beruflich

Was ist gut, was gefällt mir eher nicht – und was belastet mich regelrecht?

Beziehen Sie dabei auch immer ein, wie zufrieden Sie mit sich selbst sind.

4. Klären Sie Veränderungen und Wünsche

Nehmen Sie sich die Bestandsaufnahme vor und notieren Sie: Wie hätten Sie es gerne? Befassen Sie sich konkret mit den einzelnen Aspekten. Gehen Sie einen Schritt weiter: Welche Bedürfnisse, Wünsche und Träume haben Sie?
Zensieren Sie sich nicht! Machbarkeit und Umsetzung ist noch kein Thema. Wichtig ist, dass Sie sich darüber klar werden, was Sie verändern möchten (oder müssen).

5. Setzen Sie sich Ziele

Ordnen Sie Ihre Überlegungen:

- Dinge, die ich sofort angehen muss, weil sie mich am meisten belasten.
- Kleinere Lebensaspekte, die sich grundsätzlich leicht ändern/integrieren lassen.
- Wünsche und Ziele, die ich nun endlich anpacken möchte.

Arbeiten Sie konkrete Punkte heraus: Was möchten Sie verändern/erreichen? Bis wann? Was werden Sie dafür investieren? Wer kann Ihnen dabei helfen?

7. Machen Sie Fortschritte sichtbar

Brechen Sie Ihre Ziele herunter – legen Sie sich auf Teilziele und realistische Zeiten fest. Bei einer konkreten Planung ist die Wahrscheinlichkeit, ein Ziel zu erreichen, viel höher. Schreiben Sie Ihre Fortschritte auf. Machen Sie ruhig kleine Schritte, aber machen Sie welche. Feiern Sie Ihre Erfolge!

8. Kommunizieren Sie Veränderungen

Teilen Sie Ihrer Umwelt freundlich, aber klar mit, dass Sie neue Saiten aufziehen. Machen Sie sich nicht von der Zustimmung anderer abhängig, aber beziehen Sie sie mit ein. Veränderungen sind auch für andere eine Umstellung. Geben Sie ihnen die Gelegenheit, sich mitzuverändern.

44. Notfallplan für akute Stress-Situationen

1. Handbremse rein!

Halten Sie bewusst inne. Nehmen Sie wahr, wie es Ihnen geht und wie sich der Stress äußert. Schon diese Wahrnehmung verhindert es, dass Sie kopflos werden. Wenn es die Situation erlaubt, legen Sie eine kurze Entspannungspause ein: Fenster auf, tief durchatmen oder erst mal ein Glas Wasser trinken. Die wenigsten Tätigkeiten sind so dringend, dass es um Minuten geht.

2. Verschaffen Sie sich einen Überblick

Machen Sie eine Bestandsaufnahme, was aktuell ansteht: Sind es unbekannte Stapel, dann sollten Sie zunächst alles sichten. Geht es um größere Projekte oder viele einzelne Tätigkeiten, dann konkretisieren Sie erst mal – sonst können Sie weder den Arbeitsaufwand realistisch einschätzen noch richtige Prioritäten setzen.
Werden Sie sich auch darüber klar, was genau Sie stresst. Vielleicht ist es ein privates Problem, Ihre schlecht gelaunte Kollegin oder das Gedudel im Radio.

3. Setzen Sie Prioritäten

Jetzt wissen Sie, was Vorrang hat. Wenn es mehrere eilige Aufgaben gibt, Sie aber nicht selbst entscheiden können, was wichtiger ist, dann klären Sie es mit den Beteiligten ab. Dringende Sachen erledigen Sie zuerst, dann alles, bei dem andere Beteiligte auf Ihre Antwort angewiesen sind, um weiterarbeiten zu können. Ansonsten gehen Sie nach Stressfaktoren vor: Wer unter einer zu langen To-Do-Liste leidet, sollte alles, was sich schnell erledigen lässt, zügig wegarbeiten. Das lässt die Liste schnell schrumpfen und entspannt.

4. Schalten Sie Störquellen aus

Sie müssen sich konzentrieren, aber alle naselang klingelt das Telefon? Ihr Chef fragt alle zwei Minuten, ob der Bericht schon fertig ist? Nehmen Sie das nicht passiv hin, sondern schalten Sie die Störquellen möglichst aus: Sie können eine Rufumleitung vereinbaren oder kurzzeitig den Anrufbeantworter einschalten; dem Chef freundlich sagen, dass Sie daran arbeiten und die Nachfragen nur dazu führen, dass Sie länger brauchen.

5. Eins nach dem anderen

Auch wenn Sie multitaskingfähig sind: Arbeiten Sie die Dinge nacheinander ab. Gehen Sie konsequent vor: Fangen Sie nicht etwas an und legen es wieder hin. Was Sie in die Hand nehmen, wird in irgendeiner Weise vorangebracht, auch wenn Sie nicht alles sofort erledigen können. Verschieben Sie Unwichtiges sofort auf einen anderen Tag.

6. Delegieren und Hilfe

Bitten Sie andere um Hilfe. Das kann bedeuten, dass Sie einzelne Aufgaben delegieren. Es kann aber auch heißen, dass Sie einen Kollegen um eine kurzzeitige Telefonvertretung bitten, um ungestört und konzentriert arbeiten zu können. Dass Sie sich dafür revanchieren, ist selbstverständlich.

Gut zu wissen

Jammern hilft Ihnen nicht nur nichts, sondern schadet zusätzlich: Denn Sie steigern sich in das Stressgefühl noch weiter hinein und stehlen sich damit Zeit und Energie.

45. Bücher/Adressen, die weiterhelfen

Internet

selbstmarketing.de
Website der Autorinnen mit zahlreichen Tipps zu Lebensqualität, Motivation und Selbstmanagement.

zeitzuleben.de
Ein umfassendes Onlinemagazin mit den Bereichen Persönlichkeit, Beruf & Karriere, Wellness, Gehirn, Inspiration.

palverlag.de/psychotipps.html
Zahlreiche Tipps von Dr. Rolf Merkle und Dr. Doris Wolf – zum Beispiel zum Erröten, Nein sagen oder Image.

was-wir-essen.de
Informationen rund um gesunde Ernährung.

naturkost.de
Website mit großer Rezeptesammlung.

fitforfun.de
Ernährung, Fitness, Sport – Übungen und Rezepte.

Buchtipps

Kommunikation und Rhetorik

Baum, Tanja: *Die Kunst, freundlich Nein zu sagen*. Ueberreuter Verlag, Wien.
Hertzer, Karin: *Rhetorik im Job*. GU, München.
Öttl, Christine/Härter, Gitte: *Schlagfertig*. GU, München.
Rosenberg, Marshall B.: *Gewaltfreie Kommunikation. Eine Sprache des Lebens*. Junfermann Verlag, Paderborn.
Schulz von Thun, Friedemann: *Miteinander reden*, (Band 1-3), Rowohlt, Reinbek.

Ausstrahlung und Selbstmarketing

Öttl, Christine/Härter, Gitte: *Selbst-Marketing. Zeigen Sie, was in Ihnen steckt*. GU, München

Vorbeck, Marion: *Image-Training. Mehr Ausstrahlung, mehr Erfolg. Vom Outfit bis zum Smalltalk*. GU, München.

Zeit- und Selbstmanagement

Covey, Stephen R: *Die sieben Wege zur Effektivität*. Heyne, München.

Härter, Gitte: *Ja, nein, vielleicht – Entscheidungen leichter treffen*. BW Verlag, Nürnberg.

Herwig, Ute Elisabeth: *Zeit managen*. GU, München.

Herwig, Ute Elisabeth: *Zeit-Diät. Zeit managen und Stress abbauen ohne Jojo-Effekt*. GU, München.

Seiwert, Lothar: *Das neue 1 x 1 des Zeitmanagement*. GU, München.

Entspannung, Ernährung und Bewegung

Derbolowsky, Jakob/Starringer, Gudrun: *Entspannt in einer Minute mit Tropho Training*. GU, München.

Franklin, Eric: *Locker sein macht stark. Wie wir durch Vorstellungskraft beweglich werden*. Kösel, München.

Hirschi, Gertrud: *Mudras. Finger-Yoga für Gesundheit, Vitalität und innere Ruhe*. Goldmann Verlag, München.

Konnerth, Tania: *Montag ist erst übermorgen. Wohlfühltipps fürs Wochenende*. Herder, Freiburg.

Lützner, Hellmut Dr. med.: *Wie neugeboren durch Fasten*. GU, München.

Mannschatz, Marie: *Meditation. Mehr Klarheit und innere Ruhe*. GU, München.

Müller-Wohlfahrt, Dr. H.-W.: *Mensch, beweg dich!* dtv, München.

Porta, Dr. Sepp/Zagler, Günther: *Gib den Stress-Hormonen, was sie brauchen!* Kreuz Verlag, Stuttgart.

Zhi-Chang, Li: *Setz dich hin und tue nichts. Das Buch der Entspannung*. Heyne, München.

Hinweis

Die Ratschläge des vorliegenden Buches wurden sorgfältig recherchiert und haben sich in der Praxis bewährt. Alle Leserinnen und Leser sind jedoch aufgefordert, selbst zu entscheiden, ob und inwieweit sie die Anregungen aus diesem Buch umsetzen wollen. Autorinnen und Verlag übernehmen keine Haftung für die Resultate. Abweichungen, beispielsweise durch seit Drucklegung geänderte Preise, Gebühren, Anlageentwicklungen, Internetadressen usw., sind nicht auszuschließen.

GRÄFE UND UNZER VERLAG, Redaktion Leben & Lernen
Grillparzerstr. 12
81675 München

Programmleitung: Steffen Haselbach
Leitende Redaktion: Anita Zellner
Redaktion: Esther Szolnoki
Lektorat: Dunja Reulein
Titelillustration: Tulio Barrios
Umschlag und Gestaltung: independent Medien-Design
Herstellung: Gloria Pall
Satz: Filmsatz Schröter, München
Repro: Penta, München
Druck und Bindung: Druckerei Auer, Donauwörth

ISBN (10) 3-7742-8845-3
ISBN (13) 978-3-7742-8845-4

Aufl.	5	4	3	2	1
Jahr	2010	09	08	07	06

GRÄFE UND UNZER

Ein Unternehmen der
GANSKE VERLAGSGRUPPE